神秀禪師

高僧傳

北宗禪之祖

編撰——李明書

【編撰者簡介】

李明書

一九八五年生，臺灣大學哲學博士，現任武漢華中科技大學哲學系助理教授。研究方向為佛教哲學，尤其重視人文思想與生命之間的關係，應用於生命實踐上。

著有《六祖惠能——禪源曹溪》、《從《論語》與《雜阿含經》看感官欲望》、《論心之所向——《論語》與《雜阿含經》比較研究》，及三十餘篇學術論文。

曾獲如學禪師佛教文化博碩士論文獎、第六屆世界青年佛學研討會論文優勝獎、復旦大學國學論壇論文特等獎、中國人民大學學術創新論壇優秀獎等多種學術獎項。

【「高僧傳」系列編輯序】

令衆生生歡喜者，則令一切如來歡喜

「為佛教，為眾生」六個字，乃是印順法師於臺北市龍江街慧日講堂（後因大門遷移，地址遷至朱崙街）為證嚴法師授予三皈依、並賜法名時的殷殷叮囑：「既然出家了，你要時時刻刻為佛教、為眾生。」

依證嚴法師解釋：「為佛教」是內修清淨行，「為眾生」則要挑起如來家業，走入人群救度眾生。因此法師稟承師訓，一心一志「為佛教還原教義，為眾生點亮心燈」，而開展慈濟眾生的志業。

證嚴法師開創「靜思法脈，慈濟宗門」，並將其與「為佛教，為眾生」合釋：「靜思法脈」乃「為佛教」，是智慧；「慈濟宗門」即「為眾生」，是大愛。

進而言之，「靜思法脈，慈濟宗門」即菩薩道所強調的「悲智雙運」：「靜思法脈」是「智」，「慈濟宗門」是「悲」；傳承法脈、弘揚宗門就要「悲智雙運」，積極在人間發揮慈、悲、喜、捨四無量心。此亦即慈濟人開展四大志業、八大法印時的根本心要。

由其強調「悲智雙運」可知，「靜思法脈，慈濟宗門」並非標新立異，而是傳承佛陀教法以及漢傳佛教歷代高僧的教誨——包括身教與言教，並要求身心皆徹底踐履。為了讓世人明瞭慈濟宗門之初心與悲願，也讓這些歷代高僧的事蹟與精神更廣為人知，大愛電視臺秉持證嚴法師的信念，於二〇〇三年起陸續製作《鑑真大和尚》與《印順導師傳》動畫電影，將佛教史上高僧大德的動人故事，經由動畫電影的形式，傳遞到全世界。

因為電影的成功，大愛電視臺進一步籌畫更詳盡的電視版〈高僧傳〉——採取臺灣民眾雅俗共賞的歌仔戲形式。〈高僧傳〉的每一部劇本都是經過數個月的資料研讀與整理，縝密思考後才下筆，句句考證、字字斟酌。製作團隊感受到每一位大師皆以身作則、行菩薩道的特質，希望將每位高僧的大願與大行傳遍世界。

然而，不論是動畫或戲劇，恐難完整呈現《高僧傳》中所載之生命歷程，以及諸位高僧與祖師之思想以及對後世之貢獻。因此，慈濟人文志業中心便就〈高僧傳〉歌仔戲所演繹過的高僧，以《高僧傳》及《續高僧傳》之原著為基礎，含括了日、韓等國之佛教史上的知名高僧，編撰「高僧傳」系列叢書。我們不採取坊間已有之小說體形式，而是嚴謹地參照人物評傳的現代寫法，參酌相關之史著及評論，對其事蹟有所探討與省思，並將其社會背景、思想及影響皆納入，雜揉編撰，內容包括高僧的生平、傳承及主要思想或重要經典簡介。從中，我們不僅可以讀到歷代高僧的智慧與悲心，亦可一覽相關的佛教史地、典籍與思想。

在編輯過程中，我們可以看到歷代高僧之「為佛教，為眾生」：鳩摩羅什飽受戰亂、顛沛流離，仍戮力譯經，得令後人傳誦不絕，乃是為利益眾生；玄奘歷萬里之險取得梵本佛經、致力翻譯，其苦心孤詣，是為利益眾生；鑑真六次渡海欲至東瀛傳戒，眼盲亦不悔，是為利益眾生；六祖惠能隱居十五載以避害身之禍，只為弘揚如來心法，並言「佛法在世間，不離世間覺；離世求菩提，猶如覓兔角」，亦是為利益眾生……

這些高僧祖師大可獨善其身、如法修行以得解脫，為何要為法忘身、受諸逆境而不退？究其根本，他們不只是為了參究佛法，而是深知弘揚大乘佛法的目的乃在於大慈大悲地度化眾生、讓眾生能得安樂；若不能讓眾生同霑法益，求法何用？如《大智度論．卷二七》所云：

一切諸佛法中，慈悲為大；若無大慈大悲，便早入涅槃。

由此可知，就大乘精神而言，「為佛教」即應「為眾生」，實為一體之兩面。

「大悲」為「諸佛之祖母」

除了歷代高僧之示現，「為眾生」之菩薩道的實踐，於經教中更是多不勝數、歷歷可證。例如，《無量義經．德行品第一》便說明了菩薩作為眾生之大導師、大船師、大醫王之無量大悲：

無量大悲救苦眾生，是諸眾生真善知識，是諸眾生大良福田，是諸眾生不請之師，是諸眾生安隱樂處、救處、護處、大依止處。處處為眾作大導師，能為生盲而作眼目，聾劓啞者作耳鼻舌；諸根毀缺能令具足，顛狂荒亂作大正念。船師、大船師運載群生渡生死河，置涅槃岸；醫王、大醫王，分別病相曉了藥性，隨病授藥令眾樂服；調御、大調御，無諸放逸行，猶如象馬師，能調無不調；師子勇猛，威伏眾獸，難可沮壞。

如來於《法華經．觀世音菩薩普門品》中宣說，觀世音菩薩更以三十三種應化身度化眾生：

佛告無盡意菩薩：善男子，若有國土眾生，應以佛身得度者，觀世音菩薩即現佛身而為說法；應以辟支佛身得度者，即現辟支佛身而為說法；應以聲聞身得度者，即現聲聞身而為說法；應以梵王身得度者，即現梵王身而為說法；應以帝釋身得度者，即現帝釋身而為說法……應以天龍、夜叉、乾闥婆、阿修羅、迦樓羅、緊那羅、摩侯羅伽、人非人等身得度者，即皆現之而為說法；應以執金剛神得度者，即現執金剛神而為說法。無盡意，是觀世音菩薩成就如是功德，以種種形遊諸國土，度脫眾生，是故汝等應當一心供養觀世音菩薩。是觀世音菩薩摩訶薩，於怖畏急難之中能施無畏，是故此娑婆世界皆號之為施無畏者。

為何觀世音菩薩要聞聲救苦？因為菩薩總是「人傷我痛、人苦我悲」，恆以「利他」為念。如《大丈夫論》所云：

菩薩見他苦時，即是菩薩極苦；見他樂時，即是菩薩大樂。以是故，菩薩恆為利他。

正是因為這般順隨眾生、「以種種形」而令其無畏的無量悲心，讓觀世音菩薩受到漢傳佛教乃至於華人民間信仰的共同崇敬。慈濟人之所以超越貧富、超越國界、超越宗教地去關懷與膚慰需要幫助的生命，便是效法觀世音菩薩無量悲心、無量應化的精神。

在《法華經．普賢菩薩勸發品》中發願、將於佛滅後守護及教導受持《法華經》之眾生的普賢菩薩，於《華嚴經．普賢行願品》中則教導善財童子如何供養諸佛，亦揭示了如來、菩薩、眾生的關係：

於諸病苦，為作良醫；於失道者，示其正路；於闇夜中，為作光明；於貧窮者，令得伏藏。菩薩如是平等饒益一切眾生。何以故？菩薩若能隨順眾生，則為隨順供養諸佛；若於眾生，尊重承事，則為尊重承事如來；若令眾生生歡喜者，則令一切如來歡喜。何以故？諸佛如來，以大悲心而為體故。因於眾生，而起大悲；因於大悲，生菩提心；因菩提心，成等正覺。……若諸菩薩，以大悲水饒益眾生，則能成就阿耨多羅三藐三菩提故。是故菩提，屬於眾生；若無眾生，一切菩薩終不能成無上正覺。善男子，汝於此義，應如是解。以於眾生心平等故，則能成就圓滿大悲；以大悲心隨眾生故，則能成就供養如來。

《大智度論．卷二〇》亦云，佛陀強調，大悲心乃是諸佛菩薩之根本，具大悲心方能得般若智慧，亦方能成佛：

大悲，是一切諸佛、菩薩功德之根本，是般若波羅蜜之母，諸佛之祖母。菩薩以大悲心，故得般若波羅蜜；得般若波羅蜜，故得作佛。

「菩薩若能隨順眾生，則為隨順供養諸佛；若於眾生，尊重承事，則為尊重承事如來；若令眾生生歡喜者，則令一切如來歡喜。」閱及此段，不禁令人深深體會證嚴法師之智慧與悲心：慈濟宗門四大、八印之聞聲救苦、無量應化地「為眾生」，也是同時「為佛教」地供養諸佛、令一切如來歡喜啊！

歷代高僧雖未如慈濟宗門般推動慈善、醫療、乃至於環保、國際賑災等志業，乃因其時空因素，欲度化眾生先以弘揚大乘經教與法義為重；現今經教已備，所須的乃是效法菩薩道之力行實踐！慈濟宗門便是上承歷代高僧與經論之教法，推動四大、八印，行菩薩道饒益眾生，以此供養如來。

換言之，歷代高僧之風範、智慧及悲願，為佛教，也為眾生，此即諸佛菩薩之本懷，亦為慈濟宗門之本懷！這便是《高僧傳》系列叢書所欲彰顯者。

遙企歷代高僧儼然身影，我們可以肯定：為眾生，便是為佛教；為佛教，一定要為眾生！

【推薦序一】

我讀《神秀禪師——北宗禪之祖》

——楊惠南（佛教學者、詩人、臺灣大學哲學系退休教授）

不久前，受贈了李明書先生的《六祖惠能——禪源曹溪》；沒想到，這幾天又拜讀他的另一巨著《神秀禪師——北宗禪之祖》之書稿。神秀和惠能都是禪宗五祖弘忍的弟子，前者是北宗漸禪的弘揚人，惠能則是南宗頓禪的開創者；一南一北，可謂是禪門瑰麗光輝的雙璧。

從歷史的成敗來說，惠能開創的南宗頓禪，獲得了後世參禪者的青睞；相對地，神秀的北宗迅速消失在禪宗史中。論者大都以惠能因為提倡了適合上上根器修習的「頓禪」，來詮釋南宗興盛的原因。然而，一個宗派的盛衰，其實原因很多，不能一概而論。法門的優劣固然是原因，其他諸如：安史之亂、會昌法難等政局的改變；安史之亂後，北方貴族文化衰落、南方平民文化興起；中國人不喜煩瑣、喜好簡易的民族性，乃至惠能弟子神會的強力批判北宗，都是北宗衰亡、南宗獨盛的原因。有關這些，李先生的大作，有選擇性地作了極為精彩的分析和解說。

李先生的大作，除了詳細介紹神秀的禪法之外，給人最深的印象是：他一再為神秀的禪法辯誣，以為神秀的禪法和惠能的禪法一樣優秀。更何況，惠能的禪法只適合上上根器者修習，但絕大部分的人都是中、下根器；神秀的禪法，才是這些芸芸眾生所適合修習的禪法。在這末法時期，神秀的禪法顯得特別殊勝。

更重要的是，從各種史料顯示，神秀的禪法才是真正繼承禪宗四祖道信，乃至五祖弘忍的禪法傳統。有關這點，筆者願意多贅言幾句：

神秀禪法的特色是「看心、看淨」、「不動、不起」。（這也是惠能《壇經》裡，所強力批判的禪法。）這一禪法，其實繼承了道信的禪法。《傳法寶紀》曾這樣描寫道信的禪法：

（道信）每勸門人曰：「努力勤坐，坐為根本。能坐三、五年，得一口食，塞飢瘡。即閉門坐，莫讀經，莫共人語。能如此者，久久堪用，如獮猴取栗中肉喫……。」

道信所強調的「坐」，不正是神秀的禪法嗎？不就是惠能在《壇經》裡所批判的「不動、不起」嗎？

而道信的「看心（看淨）」呢？《楞伽師資記》有這樣的記錄：

初學坐禪看心，獨坐一處。先端身正坐，寬衣解帶，放身縱體。自按摩七、八翻，令心腹中嗌氣出盡，即滔然得性清虛恬淨，身心調適然。安心神則窈窈冥冥，氣息清冷。徐徐斂心，神道清利，心地明淨。觀察不明，內外空淨，即心性寂滅。如其寂滅，則聖心顯矣。

這和神秀禪法的「看心、看淨」是很相近的。（詳下）而神秀的師父——五祖弘忍呢？也是強調「不動、不起」乃至「看心、看淨」的「坐（禪）」。《楞伽師資記》這樣描寫弘忍的禪法：

爾坐時，平面端身正坐。寬放身心，盡空際遠看一字。自有次第：若初心人，攀緣多，且向心中看一字。證後坐時，狀若曠野中，迥處獨一高山，山上露地坐，四顧遠看，無有邊畔。坐時滿世界，寬放身心，住佛境界。清淨法身，無有邊畔，其狀亦如是。

其次，弘忍還提倡念佛法門，神秀也繼承了這一法門。《傳法寶紀》即說：「及忍、如、大通之世，則法門大啟，根機不擇，齊速念佛名，令淨心。」其中，忍即弘忍；如是弘忍的弟子法如；而大通則是神秀逝世後，朝廷給他的謚號。這一念佛法門，應該來自《文殊說般若經》。這從神秀和武則天之間的一段對話，可以看出來：

則天大聖皇帝問神秀禪師，曰：「所傳之法，誰家宗旨？」答曰：「稟蘄州東山法門。」問：「依何典誥？」答曰：「依《文殊說般若經》一行三昧。」則天曰：「若論修道，更不過東山法門。」以秀是忍門人，便成口實也。（《楞伽師資記》）

神秀自稱稟承「東山法門」。而東山法門，依上引《楞伽師資記》看來，應該是五祖弘忍所傳授的禪法。但依〈注般若波羅蜜多心經．李知非略序〉看來，東山法門實為四祖道信的禪法：「蘄州東山道信禪師，遠近咸稱東山法門。」所以，神秀的禪法，實際上是透過五祖弘忍，直承四祖道信的禪法。

然而，道信的東山法門，所傳的是什麼禪法呢？《楞伽師資記》有這樣的記錄：

其（道）信禪師，再敞禪門，宇內流布。……依《楞伽經》「諸佛心第一」；

又依《文殊說般若經》「一行三昧」，即念佛心是佛，妄念是凡夫。……欲入一行三昧，應處空閑，捨諸亂意，不取相貌，繫心一佛，專稱名字。隨佛方所，端身正向，能於一佛念念相續，即是念中，能見過去、未來、現在諸佛。

引文說到道信的禪法，來自《楞伽經》的「諸佛心第一」，以及《文殊說般若經》的「一行三昧」。前者是道信禪法的總綱，人人有佛心，體悟這點即是開悟解脫。而一行三昧則是實現這一總綱的具體方法。從這一具體的方法，可以看出道信禪法的特色。

然而，什麼是一行三昧呢？道信說，那是「繫心一佛，專稱名字」，最後則能見到三世諸佛的念佛法門。《文殊說般若經》說得更清楚：

文殊師利言：「世尊！云何名一行三昧？」佛言：「法界一相，繫緣法界，是名一行三昧。……如法界緣，不退不壞，不思議，無礙無相。善男子，善女人，欲入一行三昧，應處空閑，捨諸亂意，不取相貌，繫心一佛，專稱名字。隨佛方所，端身正向，能於一佛念念相續，即是念中，能見過去、未來、現在諸佛。」

這樣看來，一行三昧是體悟「法界一相」的念佛法門。而具體的念佛方法則是：在空閑、清靜的地方，端正地向著佛陀所在的地方，稱念祂的名字，最後得見三世諸佛。而這一念佛法門，由道信開始，最後被弘忍，乃至他的弟子法如、神秀所繼承。

神秀的禪法，既是來自道信、弘忍「不動、不起」乃至「看心、看淨」的念佛（一行三昧）法門，那麼，那是什麼樣的一種法門呢？我們可以透過下面的引文，看到神秀禪法的一些特色：

（神秀）問：「佛子！心湛然不動是沒？」（佛子）言：「淨。」（神秀問：）「佛子！諸佛如來有入道大方便，一念淨心，頓超佛地。」（神秀）和尚擊木，一時念佛。

（神秀）和尚言：「一切相總不得取。所以《金剛經》云：『凡所有相皆是虛妄。』看心若淨，名淨心地。莫卷縮身心。舒展身心，放曠遠看，平等盡虛空看。」

（神秀）和尚問言：「見何物？」佛子云：「一物不見。」（神秀）和尚言：「看淨，細細看。即用淨心眼，無邊無涯際遠看，無障礙看。」

（神秀）和尚問：「見何物？」（佛子）答：「一物不見。」（神秀）和尚言：「向前看，向後看，四維上下一時平等看，盡虛空看，長用淨心眼看。莫間斷，亦不限多少看。使得者，能身心調用無障礙。」（引自神秀《大乘無生方便門》）

神秀的這一禪法，其實和前引弘忍的「且向心中看一字」的進一步發展。弘忍的方法必須「看一字」，而神秀的方法則更加空靈，連一字也不看——「看淨」、「一物不見」。

神秀這一「看心、看淨」的禪法，有方法，有步驟，被惠能的徒弟神會批判為「漸禪」，是中、下根器者所修的禪法。但，這不正是末法時期的眾生，所最適合修習的禪法嗎？法門沒有優劣之分，只有適不適合修習的差別。

【推薦序二】

所有的修行，本質上都是工夫

——溫金玉（中國人民大學哲學院教授）

神秀，在中國禪宗史上或許是受到最多誤讀的禪師。當年弘忍大師為選擇法嗣，令門下弟子作偈呈心。神秀寫下：「身是菩提樹，心如明鏡臺，時時勤拂拭，勿使惹塵埃。」其師弟惠能卻說：「菩提本無樹，明鏡亦非臺，本來無一物，何處惹塵埃。」這種「漸修」與「頓悟」的見地標籤，高下立判，勝負分明。我們對南宗禪「明心見性」仰之彌高，對北宗禪「拂塵看淨」不屑一顧，就這樣被裝進了禪宗歷史層疊的取景框中。

其實，穿越時空，回到唐初，神秀才是當時的佛門明星、禪宗正統。據《楞伽師資記》說，神秀在弘忍門下「受得禪法，禪燈默照，言語道斷，心行處滅，不出文記。」他保持了道信、弘忍的樸素禪風，繼承了自達摩以來歷代相承的「觀心」禪法。張說〈大通禪師碑〉說神秀「持奉《楞伽》，遞為心要。」弘忍更言：「我與神秀論《楞伽經》，玄理通快，必多利益。」並讚歎曰：「東山之法，盡在秀矣。」神秀在弘忍處深受器重，在數百門徒中位至上座。《宋高僧傳》載：「秀既事忍，忍默識之，深加器重，謂人曰：『吾度人多矣，至於懸解圓照，無先汝者。』」可以想見神秀當時在東山僧團中的地位。

弘忍歿後，神秀乃遷移江陵當陽山玉泉寺，住在寺東七里的山上，蔭松藉草，修蘭若行，影響日漸廣大，學人紛紛來投，成為當時禪學重鎮。《宋高僧傳》載：「四海緇徒，向風而靡，道譽馨香，普門熏灼。」宋之問〈為洛下諸僧請法事迎秀禪師表〉更言：

契無生至理，傳東山妙法，開室岩居，年過九十，形彩日茂，宏益愈深。兩京學徒，群方信士，不遠千里，同赴五門；衣鉢魚頡於草堂，庵廬雁行於邱阜；雲集霧委，虛往實歸。……九江道俗，戀之如父母；三河士女，仰之猶山嶽。

神秀的聲勢如此浩大，自然會引起當政者的關注。不久，武則天遣使迎神秀入京。據張說〈大通禪師碑〉說，武則天竟不計君臣之別，親加跪禮：「詔請而來，趺坐覲見，肩輿上殿；屈萬乘而稽首，灑九重而宴居。」每當說法，「帝王分座，后妃臨席。」神秀被安置於內道場中供養，則天帝時時向他問道。當時王公以下及京邑士庶竟相至謁，望塵拜伏，日有萬計。

中宗即位，對他更加禮敬，聖敬日崇，朝恩代積，被「推為兩京法主，三帝國師。」神秀住東京洛陽六年，於神龍二年（西元七〇六年）在天宮寺示寂，中宗親自送葬至洛陽午橋，並下詔為其造十三級浮圖，賜謚「大通禪師」。在中宗、睿宗朝，弘忍的弟子老安、玄賾相繼被詔入京；神秀的弟子輩，諸如普寂、義福等，也受到朝廷權貴的支持和崇信。神秀所傳禪法，成為統治層承認和肯定的主流官禪，達摩法系亦在諸禪系中被公推為正宗所在。這是要重提的神秀一大貢獻，對神秀所謂「師承是傍，法門是漸」的評價其實並不成立。

其次，在中國禪宗史上，神秀北宗一系非常重視戒行，這是我們應關注神秀的第二點。

神秀是一位學問僧，其行為舉止，從不逾矩，「少親儒業，博綜多聞」，有「聖賢之度」。《傳法寶紀》記載神秀：「二十受具戒，而銳志律儀，漸修定慧。」可見在他出家受具後曾長期戒香熏習。所以見到修持勤苦、木訥沉默的弘忍時，他深為歎服：「此真吾師也。」懷著這樣一分敬畏欽佩之心，神秀「決心苦節，以樵汲自役，而求其道。」服勤六年，不捨晝夜。離開東山後，他於當陽山修蘭若行；這分頭陀行的精神傳承正是來自達摩一脈。此外，神秀主張「息妄觀心」、除去妄念，而守持正念則是「堅持戒行」、「覺察心源」。

當時的道宣律師對禪門有諸多批評，例如，對不立文字說斥為「善友莫尋，正經罕讀，瞥聞一句，即謂司南。」但對「威儀所擬，無越律宗；神解所通，法依為基」的禪風則表達了讚歎。神秀門下大多「外示律儀，內循禪悅」；普寂對弟子強調「尸波羅蜜是汝之師，奢摩他門是汝依處」，以戒為師，以定為依。這與南宗門下稟承的「無相戒法」完全不同。

從這個意義上來說，神秀一系可能對「百丈清規」的創立更有意義引導。而「無相戒」的不可思議性境界，則為後世禪和子無以企及，導致呵佛罵祖的狂禪遍野。

第三，想表達是一分感恩之情。明書博士勤於筆耕，佳作頻出。剛剛讀完他的《六祖惠能——禪源曹溪》一書，今天又拿到他的《神秀禪師——北宗禪之祖》初稿，除了無盡的歡喜讚歎，也給我許多啟發。

佛教文化的弘揚，經歷了從印度模式向中國樣式的轉換，無論義理，無論制度；同樣，今天佛教對社會的因應、對人群的影響，也面臨著由古代版向現代版的轉變。想想當年崑曲青春版《牡丹亭》的上演，一票難求，甚至被譽為「一個轟動性的文化事件」，走向青年，走進校園。佛教文化的現代轉型，也是一個契理契機的文化生態抉擇。

我們常能聽到一個成語「隨機應變」，想來古代祖師運用得心應手，利根者示以頓悟，鈍根者輔以漸修，法法平等，無有高下。所謂「頓漸門下，相見如仇讎；南北宗中，相敵如楚漢」的情形，離佛法度化本意遠矣。如今機在變，相應弘法的方式亦應調整以應變。

明書博士以其深厚的宗教哲學功底，加以文采斐然的表達能力，滿足了我在這個層面上的所有期待，讀來受益良多。《神秀禪師——北宗禪之祖》一書所破斥的是好高騖遠，昭示修道最穩妥的是腳踏實地。神秀禪師的示現不是天馬行空式的自由，而是在規則下的有序運行；汽車要有公路，高鐵要有鐵道，飛機要有航線，修行同樣要有次第。我自已曾在五臺山工作多年，陪同過許多高僧大德；其實，他們的生活看來普普通通，就如唐代玄奘法師一樣，沒有神異，都是一步一步走過來的。我亦曾練書法、學洞簫，發現事事皆從勤中得。俗語說：「十年磨一劍，功到自然成」，所有的修行，本質上都是工夫。

最後，祈盼明書博士撰寫更多高僧傳記，分享大眾，令未信者信，已信者令增長。

【編撰者序】

重尋神秀大師的法跡

神秀大師長期以來被一般人視為和惠能大師持相對的立場。滑臺大會之後，出現了「北宗」一詞，在初期，這是與南宗禪相對的貶義稱呼，思想上則被區分為「漸修」和「頓悟」兩種系統。由於這種區別，加上後世已將惠能定為禪宗祖師，導致神秀往往被視為次一等的、不被認可的法脈，更有傳說、戲曲將其演繹成心胸狹隘、為奠定自己地位而不擇手段的出家人。

歷來雖偶有學者強調神秀大師在唐代的重要性與影響力，但總是力有未逮，難以將其提升到如惠能一般的地位。或許是因為，記載神秀的歷史文獻稀少單薄；尤其在其離開五祖門下東山寺後，將近十年期間，史書上呈現空白的狀態，後世傳承又不如惠能深遠，並且其思想材料也非系統性的專著，所以至多令人質疑對他的負面評價，卻也必須承認其法脈已不傳的事實。

在前作《六祖惠能——禪源曹溪》的編撰中，已隱約觀察到神秀應與後世的傳說有所差異。秉持這分懷疑的態度，本次編撰《神秀禪師——北宗禪之祖》，在既有的文獻基礎之上，更為深入而廣泛地蒐集，將看似零星的材料集中之後發現，在神秀當朝的評價中，不論是人品、弘法，或是與朝廷、帝王之間的相處，皆受到相當正面的肯定。

此外，正史上並無後世所傳，諸如爭奪禪宗衣缽、下令追殺惠能等事件，反而是神秀既承認惠能對於佛法理解之深，又曾多次上表朝廷延請惠能至京弘法。雖然六祖終其一生並未進京弘法，但在相關史料中，我們見到能、秀師兄弟之間，是友善和睦的。兩人之間唯一次表現出思想上的明顯差異，是弘忍要弟子作偈詩，神秀作〈無相偈〉曰：「身是菩提樹，心如明鏡臺；時時勤拂拭，勿使惹塵埃。」而惠能詩曰：「菩提本無樹，明鏡亦非臺；本來無一物，何處惹塵埃！」弘忍認為惠能所作的偈詩境界較高，神秀聽聞之後仍是虛心求教，並無欲加害惠能之意；只是弘忍擔心惠能受害，而要惠能離去。

這些記載的可想像空間仍然很大，因為，弘忍並未指明是誰欲加害惠能。而從唐代之後的影響來看，惠能又被尊奉為禪宗六祖，神秀一系逐漸沒落；如此更像是弘忍確實授意惠能繼承衣缽，而唯恐他人爭奪，故盡力保護惠能，也預見惠能終將不負所託，使禪宗開枝散葉。

禪宗後續的發展固然已是事實，然而，本書在考證的過程，盡可能謹慎處理不同的記載與說法，呈現歷史中始終存疑的部分，而不輕易下定論。除此之外，透過梳理神秀思想也發現，由於歷代解讀的偏頗，認為神秀僅重視層次「較低」的漸修法門，與程度「較高」的頓悟法門形成對立。其實，在《大乘無生方便門》、《觀心論》等與神秀相關的著作中，皆可看出神秀思想的不同層次，和純論頓悟的惠能固然有別，但並非立場的相對，反而是具足漸修與頓悟的教法。經由扼要的整理，以下分成歷史與思想兩方面指出以往傳說的可疑之處，作為讀者閱讀本書的引子。

首先，在史書的記載上，至少有五點可為神秀澄清之處。第一，如上所述，弘忍並未表示神秀可能迫害惠能，歷史上也無神秀迫害惠能的事件；反倒是神秀時常要弟子向惠能學習，入京為國師後亦上奏延請惠能入京說法，卻為惠能所拒。

第二，雖然弘忍推崇惠能，但並未表示只傳惠能一人；當時尚有神秀、老安、玄賾等十名弟子與惠能並列，弘忍直抒這十一位弟子的特色，並指示他們分頭弘化，以符合禪宗傳承的精神。

第三，神秀與惠能地位懸殊：神秀在世時，聲望與身分皆遠高於惠能，每日求法者不計其數，難以想像在這種情況下神秀有必要迫害惠能。

第四，兩位大師的地位變化，最明顯的轉折乃是出現在安史之亂後，惠能弟子神會因協助朝廷平亂有功，其所代表的南宗禪受到朝廷重視。當神會在貞元十二年被定為七祖時，惠能的六祖之說遂成定論。

第五，在《壇經》的流傳過程中，版本隨著傳授不斷更改、衍生，為了光大門庭，許多饒富傳奇性的事蹟被加以渲染，呈現出為了推崇惠能地位、而擴大北宗門人迫害南宗一系的情節。

除史實外，在思想上也值得更仔細地梳理，分辨其中的層次。先就語言風格而言，兩位大師的說法對象相差甚大。神秀主要是對帝王和貴族說法，而惠能在南方多是對平民百姓講解法義，由此延伸兩種不同的語言風格：前者具有不同層次的鋪陳，引用多種經論；後者淺白鋪陳，注重把握最基本的核心概念。身為佛法的教師，隨機示教是凸顯說法者的能力，而非以此形成等級的高低。

再就思想內容而言，惠能說法確實相當一貫，一律要人明心見性，把握本心。然而，仔細梳理神秀現存的文本可發現，神秀從未要人僅從枝微末節的工夫入手；而是既可直接把握根本的心性、也能展開多種多樣的修行方法。所以，不應一刀切地認為一者是頓悟，而另一者即是漸修。在本書第二部分第二章介紹《觀心論》與《大乘無生方便門》之處，有詳細的說明。

關於神秀的研究，往往偏重歷史或思想的其中一端，是故本書盡力將兩者進行有機的整合，使讀者更全面地看待神秀大師。本書並非一味從神秀立場為其辯護，企圖扭轉其在禪宗的地位；而是在對照了歷史與思想之後，感到更能貼近神秀真實的樣貌，給予公平、合理的記述。這是在參閱許多資料時甚感有漏的部分，也是做為一個研究者應有的審慎態度。

在記述神秀的生平時，最令人遺憾的是歷史中關於神秀的記載太少。雖然神秀之後仍有重大的成就，但壯年時期通常是一個人一生中思想相對成熟、圓融的階段，也是奠定老年成就的關鍵；奈何，史書有著十年的罅隙。這部分除了鋪陳同時期發生的事件，作為神秀後續生涯的前提和背景之外，也採用美國禪宗學者馬克瑞的推測，以「威秀」法師的生平填補這些年間與佛教相關的事件。神秀與威秀是否同為一人？本書對此說法有所保留，卻也認同兩人若關聯起來看待，更能窺見唐代佛教史的動態與全貌，並能合理地說明何以神秀「十所年，時人不能測」，爾後卻在玉泉大放異彩。

編撰本書的過程中發生不少事件。先是在二〇一九年九月二十日回臺灣時，聽聞臺灣大學哲學系的陳平坤教授癌末病危，二十一日前往探視，以前作《六祖惠能——禪源曹溪》與他分享，希望能有轉機；並約定若能好轉，本書將邀請陳教授作序。遺憾事與願違，陳教授二十三日即病逝於臺大醫院。陳教授是很有成就的禪宗與三論宗學者，筆者有緣於就讀臺大博士班期間聽聞其授課，又在最後的日子略表心意，期能以本書的功德迴向與他，願他往生善趣。

今年（二〇二〇年）一月中旬，武漢新冠肺炎疫情升溫。原定二十二日回臺過年並定稿，但因憂慮離開武漢之後，如疫情過於嚴重，兩隻家犬無人照料，可能出現難以預期的後果，所以臨時決定退票後停留當地；沒想到，隔日就遇到封城防疫，於是與家中小犬共同度過了在艱難時期仍堅定寫作的階段。本書雖延宕不少時間，但最終能夠完成，小犬的扶持與嬉鬧，使得家中在冷峻的防疫期間產生溫暖與熱絡的氣氛，可謂功勞甚鉅。

一千三百多年前，神秀與惠能同在黃梅東山寺受學；後來，神秀前往當陽玉泉修行傳法。黃梅、當陽皆位於此次疫情最嚴重的湖北省；今日得於湖北的疫情環繞下完成書稿，想來也是難得的機緣。

本書的完成，背後尚有許多增上善緣的扶持。如楊惠南與溫金玉兩位知名教授在千里之外受邀後，即應允為拙著作序，是對晚輩最真誠的鼓勵，使拙著增添無上的光彩，更激勵筆者應完善此書的內容。內人多年來的包容與協助，是核心的精神支柱。由於蔡家和教授推薦前作《六祖惠能——禪源曹溪》的撰寫，進而才有這本書的誕生。主編賴志銘博士不斷溝通協調撰寫的體例與內容，使本書既富有學術性，又適合大眾閱讀。除此之外，前輩學者願意在資料極其有限的情況下，嘗試研究神秀大師，為本書盡可能詳細地交代大師的歷史與思想兩方面，奠定厚實的基礎，在此一併致謝。

於此序末尾，向所有直接、間接助成此書的因緣，獻上最誠摯的謝意與敬意！

目錄

示現

影響

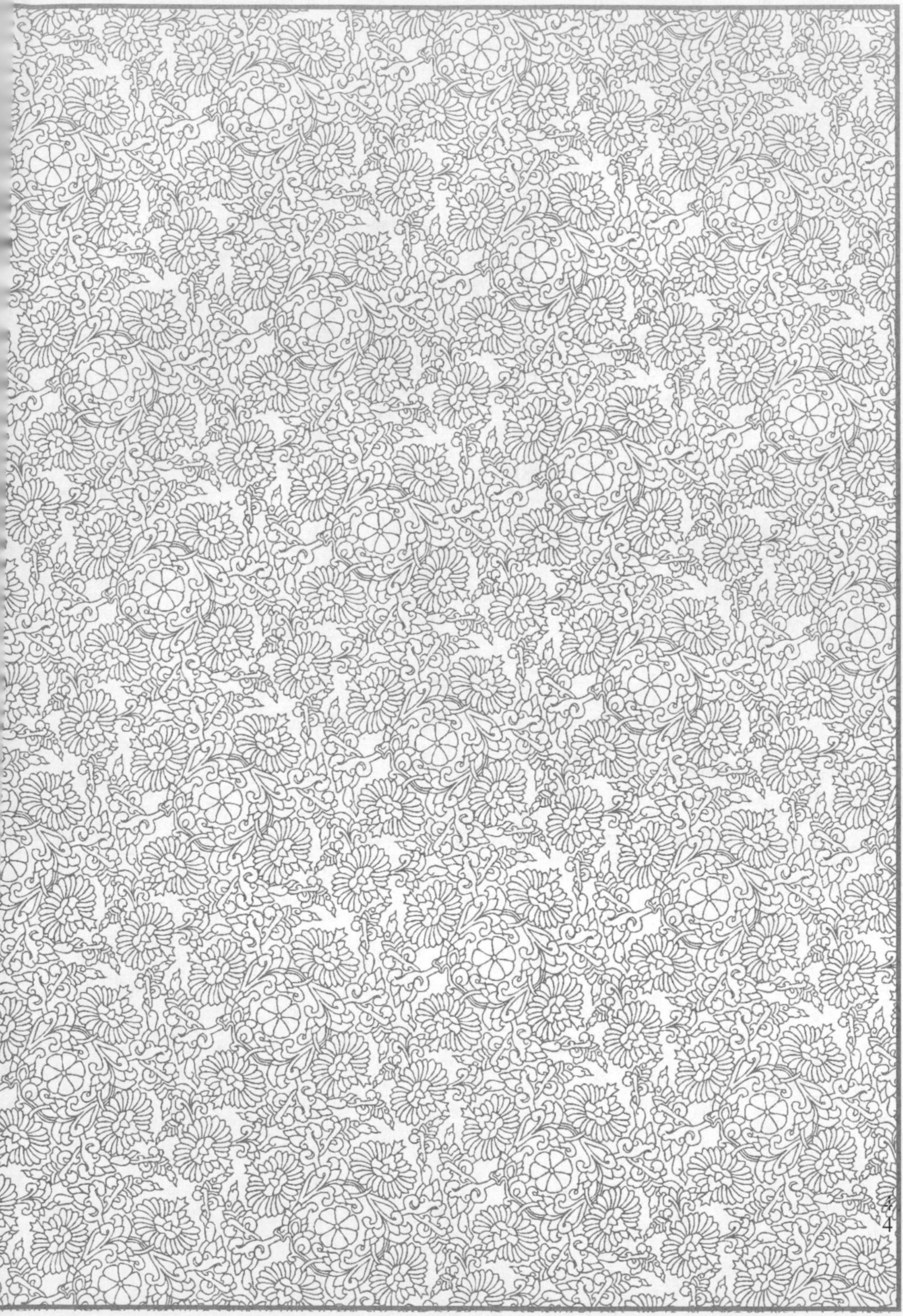

44

示現

第一章　隋末離亂，少年出家

學究精博，探《易》道，味黃老及諸經傳，自三古微賾，靡不洞習。二十受具戒，而銳志律儀，漸修定慧。

一千四百多年前的中國並不太平。

鼎盛的開皇（隋文帝年號）之治隨著皇位交替走上由盛轉衰的道路，唐傳奇《煬帝開河記》（簡稱《開河記》）中記載：

> 煬帝督功甚急，叔謀乃自徐州曉夕無暇，所役之夫已少一百五十餘萬；下塞之處，死屍滿野。

好大喜功的隋煬帝興建運河勞民傷財，造成無數死傷，人民苦不堪言。到了大業元年（西元六〇五年），隨著通濟渠的開鑿，煬帝與此同時南下巡視，「帝自洛陽遷駕大渠。詔江淮諸州造大船五百隻。使命至，急如星火。民間有配著造船一隻者，家產破，用皆盡，猶有不足。」（《開河記》）造大船、建運河、置糧倉、闢疆土……神秀就是生在這個過分徵用民力的年代。

清慧敏悟，童年即有成德

關於神秀的生年，古籍史冊並無明文記載。〈唐玉泉寺大通禪師碑〉（簡稱〈大通碑〉）指出：「禪師武德八年乙酉受具於天宮。」「武德」為唐高祖李淵年號，武德八年為西元六二五年。另，唐代杜朏所撰的《傳法寶紀》（註一）則記載神秀：「二十受具戒，而銳志律儀，漸修定慧。」神秀二十歲時受具足戒（「受具」、「受具戒」）；當時若如〈大通碑〉所載為西元六二五年，兩相比對可推知，他大約生於西元六〇六年（隋煬帝大業二年）。

相關資料中對於神秀出生地的記載有些微不同。〈大通碑〉所載為「陳留尉氏人」，《宋高僧傳．神秀傳》記為「今東京尉氏人」，《傳法寶紀》則為「大梁人」；雖有些出入，但這些地名都是現今河南省開封地區一帶。

神秀禪師俗姓李，誕生在「大村李」；根據《舊唐書》所載，此處亦是唐睿宗李旦青年時期的居所。《楞伽師資記》云：「敕于本生大村李為置報恩寺。」《舊唐書》則載：「有詔賜謚曰大通禪師，又於相王舊宅置報恩寺。」我們無法確切得知神秀禪師是否同為李唐王室親屬；然而，通過史料之爬梳，可推測其家族或有不凡之處。

有別於一般孩童的活潑好動，神秀在童年便顯現出淡定聰穎的從容；他不耽溺於一些有趣好玩的小技藝，從小就顯得德行不凡。《傳法寶紀》云：「在童稚時，清慧敏悟，特不好弄，即有成德。」除了先天的資質，或許良好的出身給予薰陶亦有所影響。

神秀身形高大昂揚，雙眸明亮清澈，氣質俊朗且心繫天下。〈大通碑〉這樣描述他的樣貌：「身長八尺，秀眉大耳，應王伯（霸）之象，和聖賢之度。」

黎庶塗炭，少年滎陽請糧

隋煬帝營建東都致使「東都役使促迫，僵僕而斃者，十四五焉。每月載死丁，東至城皋，北至河陽，車相望於道。」（《隋書》）當遠行服役的百姓無法歸鄉，留居故里者也因橫徵暴斂而失業，便出現「人飢相食，邑落為墟」（《隋書》）的景況。而煬帝三征高句麗（西元六一二至六一八年），「晝夜不絕，死者相枕，臭穢盈路，天下騷動」（《資治通鑑》），也導致隋末各地起義，群雄出兵。

少年神秀親眼目睹黎庶塗炭的痛苦；其老家所在的河南地區，正處於餓殍遍地的情況。

河南當時有座天下第一富足的糧倉——洛口糧倉（又稱興洛倉，今河南省鄭州市轄下鞏義），通過運河已儲備豐沛的軍糧；然而，朝廷卻不願放開國儲、開倉賑災。翟讓、李密為首的瓦崗軍看中興洛倉的重要價值，遂號召天下英雄響應就倉用糧。

大業十二年（西元六一六年），瓦崗軍七千多人兵入滎陽郡（今河南省鄭州市），大業十三年二月攻克興洛倉，之後又陸續襲破回洛倉和黎陽倉；幾個糧倉的開啟，終於讓人有了一線生機。於是，神秀不顧個人安危，決定動身前往乞糧。《五燈會元》說神秀：「少親儒業，博綜多聞。」可見其年少時有著儒家以天下為己任的胸懷。

尉氏縣與滎陽郡雖同在河南，兩個地方實際距離也有上百里，十多歲的神秀就這樣在戰亂中徒步前行，走過起起伏伏的嵩山山脈，所到之處屍橫遍野；觸目所見，生靈塗炭。瓦崗軍入滎陽後接著前進金提關要塞，爾後直搗東都洛陽，意在推翻隋朝。然而，瓦崗軍內部不久後出現矛盾、分裂，雖在義寧元年（西元六一八年）六月大敗當時群雄之一的宇文化及，征戰的結果卻也使瓦崗軍受到嚴重折損。同年十月，王世充率領隋軍擊敗李密，瓦崗軍至此瓦解。

王世充（生年不詳，卒於西元六二一年）本姓支，是西域胡人，曾平定楊玄感之亂並鎮壓起義，更於大業十一年（西元六一五年）楊廣受困雁門關時帶軍勤王，所以很受隋煬帝器重。當瓦崗軍佔據洛陽、隋煬帝被殺之後，王世充等人立楊侗為帝（隋恭帝）；待其擊退瓦崗軍後，遂於皇泰二年（西元六一九年）廢帝自立，改國號為「鄭」。

《傳法寶紀》這樣記載少年神秀的離亂歲月：「年十三，屬隋季王世充擾亂，河南、山東飢疫，因至熒陽義倉請糧。」

遊方參學，出家為僧

生逢亂世，親炙眾生之苦，挺身而進的神秀也許從中觸動了對生死、無常的感悟。就在滎陽籌集糧食後不久，神秀便與佛教結緣，跟隨一位善知識出家。

神秀的求法因緣與啟蒙師父究竟為何？具體情況不得而知。而出家後的神秀，從此展開遊歷。《傳法寶紀》云：

遇善知識出家，便遊東吳，轉至閩，遊羅浮、東、蒙、台、廬諸名山，嘉遁無不畢造。

為了求得佛法，神秀的足跡從江東到閩地，走訪了中國中部羅浮山、東山、蒙山、天台山以及廬山，在廣遊四方中探求名師，同時不忘自我修持，日日精進。

神秀早年便博覽經史，除了佛教典籍之外，也遍讀、鑽研儒、道經典，這對於日後在東山寺擔任教授師乃至於歷經三朝帝師、國之教主，可說是奠定了堅實的基礎。〈大通碑〉說神秀：

少為諸生，遊問江表，《老》、《莊》元旨，《書》、《易》大義，三乘經論，《四分律》儀，說通訓詁，音參吳晉，爛乎如襲孔翠（孔雀、翠鳥），玲然如振金玉；既而獨鑒潛發，多聞旁施。

從此可看出，神秀年少時是一位飽學的儒生，參學問道的履跡跨越了長江（從中原位置南望，中原為長江之「裡」，過了長江則稱為江「表」，亦即長江之外、長江以南的地區），行遍萬里路、讀遍萬卷書。少年神秀不僅深諳《老》、《莊》等道家的要旨，明白《尚書》、《周易》之儒者大義，同時通曉佛教三乘經論和《四分律》（註二）戒儀。在治學的基礎上，他懂訓詁而能求通文辭，通晉語、吳語等聲韻語系，博覽經典並嫻熟群書；這些勤學苦修的過程，打下日後廣施佛法的底蘊。《傳法寶紀》也說他：

學究精博，採《易》道，味黃老及諸經傳，自三古微賾，靡不洞習。足見神秀學問的廣博精深。豐厚的才學加上遊歷的開闊眼界，使其內在與外在更為圓融，也有助益於禪學的實踐。

唐朝武德八年（西元六二五年），二十歲的神秀在洛陽天宮寺（註三）受具足戒。據《傳法寶紀》記載，受具足戒的神秀「銳志律儀，漸修定慧」，正式成為比丘之後，遂將精力投注在專心學習律儀、持受戒律，繼而漸修「定」、「慧」增上學。

由此處可以知道，在神秀前往黃梅東山寺拜師弘忍前，已經具備佛教戒、定、慧三學（註四）的基本學養。

【註釋】

註一：《傳法寶紀》，一卷，唐京兆（長安）杜朏（字方明，據傳為禪宗五祖弘忍之徒孫）撰，為一部中國早期記述禪宗北宗（神秀派）傳法世系的著作，有敦煌寫本三種（伯希和第二六三四、三八五八、三五五九），現收藏於法國國民圖書館。

北宗自安史亂後，法脈漸衰，當代禪宗皆出於南宗。《傳法寶紀》便是北宗一派僅存的珍貴史書之一。所記述的人物依次是：東魏嵩山少林寺釋菩提達摩、北齊嵩山少林寺釋惠可、隋（皖）公山釋僧璨、唐雙峰山東山寺道信、唐雙峰山東山寺釋弘忍、唐嵩山少林寺釋法如，唐當陽玉泉寺釋神秀。

上述七人中，除法如一人以外，其餘六人也見於另一北宗禪史籍《楞伽師資記》；但是，《傳法寶紀》所記敘的許多人物行跡始末及傳說故事，則為前書所未載。

註二：《四分律》，梵名 Dharmagupta-vinaya，凡六十卷。本書之部屬，古來有二說：

(一) 謂四分律乃大眾部所說律藏之一。

(二) 謂四分律乃上座部所傳。

至於本書之譯者，一般認為是姚秦佛陀耶舍與竺佛念於西元四一〇至四一二年於長安共譯；然而，據宋代釋贊寧所著《宋高僧傳．卷十四．曇一傳》之記載，則認為本書為佛陀耶舍與鳩摩羅什所共譯。

此律又稱《曇無德律》、《四分律藏》，原為印度上座部系統法藏部所傳之戒律。內容包含比丘二五〇條戒律條目，共二十卷（初分）；比丘尼三四八條戒律條目及受戒、說戒、安居、自恣（上）等四犍度

（Khandhaka，「分類編集」之意），共十五卷（二分）；自恣（下）、皮革、衣、藥、迦絺那衣、拘睒彌、瞻波、呵責、人、覆藏、遮、破僧、滅諍、比丘尼、法等十五犍度，共十四卷（三分）；房舍犍度、雜犍度及五百集法、七百集法、調部毘尼、毘尼增一，共十一卷（四分）。歷來所流傳之卷數，除六十卷本外，另有四十卷、四十四卷、四十五卷、七十卷等數種之多。

本書不僅為唐代律宗所依據之根本典籍，亦為我國所譯各種律本中流傳最廣、影響最大之佛教戒律，凡言律者莫不指此而言，其普及可見。

註三：洛陽天宮寺乃唐代創建之寺廟，位於洛陽府。原為唐高祖李淵舊居，後於唐太宗貞觀六年（西元六三二年）改為寺宇。迦濕彌羅國三藏阿儞真那（Ratnacinta，寶思惟）奉敕入住，譯出《隨求即得自在陀羅尼經》、

《不空羂索陀羅尼自在王咒經》等數部。後神秀於此弘法，唐中宗神龍二年（西元七〇六年）於天宮寺示寂。唐末五代後天宮寺沿革不詳，後遂廢絕。

註四：戒、定、慧：又稱作「三勝學」，是佛教實踐綱領，為學佛者所必修。

（一）增戒學：又作戒學、增上戒學。「戒」可修善，並防止身、口、意所作之惡業。

（二）增心學：又作定學、增意學、增上意學、增上心學。「定」可攝散澄神、屏除雜念，見性悟道。

（三）增慧學：又作慧學、增上慧學。「慧」能顯發本性，斷除煩惱，見諸佛實相。

由戒能生定，由定而發慧，故《菩薩地持經》卷十以六度配三學，即布施、持戒、忍辱、精進等四波羅蜜為「戒學」，禪波羅蜜為「定學」，般若波羅蜜為「慧學」，一切法門盡攝於此。

第二章　東山之法，盡在秀矣

服勤六年，不捨晝夜。大師（弘忍）歎曰：「東山之法，盡在秀矣！」命之洗足，引之並坐。於是涕辭而去，退藏於密。

神秀的早期生活和修行，是在改朝換代的動盪中砥礪前行的。

經歷了隋末水深火熱的分裂混戰，他十三歲出家那年（西元六一八年），正值敗群雄、潰聯軍的李唐立國，定都於長安（今陝西省西安市）。

然而，唐朝建立的最初十年，各地勢力拉鋸與邊患不斷，國家依然處在分裂之中，四方鐵蹄踏遍，征戰不斷。天下亂局，直到唐太宗貞觀二年（西元六二八年），梁洛仁獻城投降歸順，才算真正完成全國統一。

初唐排佛

唐朝初年，朝廷對於佛教的管理和限制，不外乎圍繞著統治目的在進行。武德三年（西元六二〇年），唐高祖李淵在京城慈悲寺設立「十大德」，由大德來管理僧籍和任命寺院三綱等事務。（註一）《續高僧傳．吉藏傳》提到：「武德之初，僧過繁結，置十大德，維持法務，宛從初儀。」三論宗（註二）集大成者吉藏法師（註三）也是唐初的十大德之一。

雖然唐初朝臣中信佛者眾多，但仍有朝臣主張排斥佛教。武德七年（西元六二四年），太史令傅奕（註四）曾多次上書請求廢佛。《舊唐書．傅奕傳》記載：

武德七年，奕上疏請除去釋教曰：「佛在西域，言妖路遠；漢譯胡書，恣其假託。故使不忠不孝，削髮而揖君親；遊手遊食，易服以逃租賦。今之僧尼，請令匹配，即成十萬餘戶，產育男女，自然益國，可以足兵。四海免蠶食之殃，百姓知威福所在。」又上疏十一首，詞甚切直。高祖付群官詳議。

傅奕除了認為佛教是從西域傳來的妖言外道之外，當時更有許多不肖者假借信佛之名而行逃漏賦稅之實，甚至藉故背親棄祖、不務正業。以維持國家安定的考量而言，傅奕於是主張廢除佛教信仰，使出家的僧尼還俗，即可生兒育女、富國強兵。

由於其言論從「富國強兵」的角度來看確有一些道理，唐高祖便將傅奕的建議提出來供群臣仔細討論商議。

到了武德八年（西元六二五年），於國子監定儒、釋、道三教次序時，把佛教列於最後，如道宣《集古今佛道論衡》所記：

武德八年，高祖下詔曰：「老教孔教，此土元基；釋教後興，宜崇客禮。今可老先次孔，末後釋宗。」

「老教」亦即被唐朝尊為聖祖的道家創始人老子（李耳），朝廷視其為帝室先系。孔教指儒學，儒家經典為唐朝主要教育的內容。釋宗則是佛教，被欽定為三教之末。

因為傅奕的一再奏請，反佛言論對朝廷和佛教起了一定程度的影響。唐高祖在武德九年（西元六二六年）頒布〈沙汰僧道詔〉：「京城留寺三所、觀二所，其餘天下諸州各留一所，餘悉罷之。」由於同年發生皇子爭位的玄武門之變，因而詔令沒有及時推行。

至於唐太宗李世民對佛教的態度，一方面予以整肅、壓抑，另一方面則開始理解並提倡佛教。先是貞觀元年（西元六二七年）下令私度者（私下剃度）處以極刑，貞觀三年（西元六二九年）則開始組織譯場翻譯佛經，並於同年十二月在過去七處戰場敕建寺院（昭仁寺、慈雲寺、弘濟寺、昭覺寺、等慈寺、昭福寺及普濟寺）。貞觀六年（西元六三二年），太宗禮請華嚴宗（註五）初祖杜順大師（註六）入宮，賜號「帝心」（意謂深得帝王之心）。貞觀二十二年（西元六四八年），玄奘三藏法師（註七）將《瑜伽師地論》譯出，太宗為之撰〈大唐三藏聖教序〉。

到了唐高宗（李治），對於佛教尤加尊重：「今上之嗣位也，信重逾隆；先皇別宮，咸舍為寺。」高宗身為太子時，便尊崇玄奘法師；武則天（時為皇后）產子時，特由玄奘命名，此子即後來的中宗。顯應四年（西元六五九年），敕令法門寺建造阿育王像，隔年迎佛骨舍利入皇宮禮拜。

初唐對佛教的態度，從抑佛走向佛、道平等，進而日趨尊重。武則天登基後，更達到隆盛之極，神秀亦因此於日後成為「兩京法主，三帝國師」。

東山求法，樵汲自役

出家後的神秀，遊歷名山大川時行經東吳、閩西、浙東、嶺南等地，大抵是唐初僧人遷移流動的路線。

自神秀二十歲受具足戒到投入禪宗五祖弘忍（註八）門下，其間大約三十年的時間，具體生平事蹟在史料中未有詳細記載。這個階段在思想史上，正值中國各家學說融合、激盪，儒家的系統性理論尚未大量建構，佛教則是宗派興盛、高僧輩出的繁榮時期。

關於神秀參禮弘忍的年紀，史料上有各種不同的說法。《傳法寶紀》認為是四十六歲：「至年四十六，往東山（註九）歸忍禪師。一見重之，開指累年。」〈大通碑〉則說：

> 逮知天命之年，自拔人間之世。企聞蘄州有忍禪師，禪門之法胤也。……繼明重迹，相承五光，乃不遠遐阻，翻飛謁詣。

《宋高僧傳》則記載神秀初見弘忍時為四十八歲。由於〈大通碑〉為唐代官方為神秀所作之碑銘，完成時間又早於《傳法寶紀》，故本書採取其說，將神秀前往東山寺的年紀推定為五十歲，大約為永徽六年（西元六五五年）。相傳，「神秀」法名的由來，乃是五祖弘忍賜名，意為「神姿秀慧」。

廣習大乘經論且遍讀儒、道經典的神秀，經年四方雲遊，卻未能找到適合自己修習的法門。雖久而不得良師，對於佛法要旨的渴求卻未曾中斷。直到知天命之年，神秀聽聞黃梅弘忍師父的禪法高明，決定前往投拜。顧不得道路綿長險阻，就這樣翻山越嶺來到東山寺。

漢傳禪宗從達摩（註一〇）到二祖慧可（註一一）、三祖僧璨（註一二）都是行頭陀禪，居無定所；直到四祖道信（註一三）將雙峰山作為傳法固定根據地並且號召門人從事作務，實施「農禪並舉」，禪宗始蔚為傳播。弘忍除了思想上承繼道信，更是根機不擇，廣開善門，使禪宗更為興盛。他也將自給自足的勞作融入修行之中；東山寺上上下下，不論來歷、僧臘，都必須參與勞務，神秀當然也不例外。

其實，弘忍初見神秀之時，便對這位形貌清朗、氣宇軒昂又充滿智慧的中年僧人很是欣賞，如《傳法寶紀》所言：「一見重之。」個性木訥沉默的弘忍，對生活與修行嚴謹勤苦，這讓神秀深深感佩：「此真吾師也。」

懷著欽佩之心，神秀下定決心誠修苦節，種菜、灑掃、挑水、砍柴，在雜務中修行，同時在靜坐、參究中努力精進，一時一刻都不浪費。《宋高僧傳》記載：「決心苦節，以樵汲自役，而求其道。」

神秀如此不分晝夜地自我鞭策，這些點點滴滴，弘忍都看在眼裡。

東山之法，盡在秀矣

不論是修為或是對禪法的理解，神秀的表現在東山寺中都是最出色的。他從不因為自己的博學而驕傲，待人始終恭敬有禮，進取的心也未曾停歇。「服勤六年，不捨晝夜」（〈大通碑〉），這讓弘忍讚歎，東山法門的精髓全部都在神秀身上了！如〈大通碑〉記載弘忍所言：「東山之法，盡在秀矣。」

個性沉默、不擅言詞的弘忍給予神秀高度的讚譽，如《宋高僧傳》云：「吾度人多矣，至於懸解(註一四)圓照，無先汝者。」弘忍說自己度化過很多人，但是對於禪法理解深入、解除倒懸束縛、圓融觀照一切事物的修為，是沒有人能超越神秀的。

於是，他命神秀擔任眾人的教授師(註一五)，並「命之洗足，與之並坐」。弘忍何以要神秀為自己浴足？通過「洗足」來傳達道理，曾出現在佛經中，我們或可借助參照以理解——

佛陀十大弟子中的羅睺羅(註一六)，是世尊未出家前生下的嫡子，十多歲出家追隨佛陀左右。由於年紀還小、不知道要謹慎言詞，應答時常不當心，總是隨便說說。《大智度論．卷十三》中有段生動的記載：

復次，如佛子羅睺羅，其年幼稚未知慎口，人來問之：「世尊在不？」詭言不在。若不在時，人問羅睺羅：「世尊在不？」詭言佛在。

有人語佛，佛語羅睺羅：「澡盤取水，與吾洗足。」洗足已，語羅睺羅：「覆此澡盤。」如敕即覆。佛言：「以水注之。」注已，問言：「水入中不？」答言：「不入。」佛告羅睺羅：「無慚愧人，妄語覆心，道法不入，亦復如是。」

世尊先讓羅睺羅為自己洗腳，接著要他把澡盆翻過來、試著倒水進盆；藉此讓他了解：覆蓋住的澡盆，就如同虛妄不實的假話把心給遮蔽了；如此一來水就倒不進盆中。佛陀乃是以水比喻佛法，裝不進水的澡盆如同羅睺羅那顆充滿戲言的心，是無法獲得真理的。

雙腳原本是無塵無垢的，是由於勞務農作導致累積了髒汙，必須日日清洗，保持乾淨。「水」同樣可喻為佛法真理，「洗足」或可視為保任的工夫；通過勤加洗滌、滌除塵垢，如同修行，是漸進的過程。

至於「引之並坐」，是巧用了佛經中佛陀「請以半座」（註一七）的典故。《雜阿含經》中記載，佛陀曾在眾人面前讓予迦葉尊者「半座」的禮遇——

迦葉尊者出家後，苦修十二頭陀行，在佛陀的弟子中被稱為「頭陀第一」。因為長期居處於阿蘭若處——亦即遠離人群的靜僻之處，如森林、曠野之中（神秀到當陽玉泉後也是在阿蘭若處修行，詳見本書第三章），不論頭髮、鬍鬚都留長了，衣著也不如普通出家人樸素整潔，所以受到諸比丘的輕慢。

佛陀為了消除眾僧的輕慢之心，同時提高並肯定迦葉尊者的修行，一見到迦葉尊者便說：「歡迎歡迎！迦葉！快來這邊坐，這還有半個位子。迦葉呀！我和你到底是誰先出家呢？是你？還是我？」在場諸比丘聽到佛陀如是說，皆驚訝不已。

張說在〈大通碑〉中藉由「引之並坐」呈現出弘忍對神秀的重視，其中也意寓著弘忍對神秀的囑咐。

佛性無南北：師弟惠能

時光匆匆，在東山寺的日子轉眼間過了六年。龍朔元年（西元六六一年）這天，有個嶺南來的年輕人來到東山寺，一開口就說要成就佛道，此人正是六祖惠能。（註一八）《壇經》（註一九）中記載這精采生動的辯論：

祖（弘忍）問曰：「汝何方人，欲求何物？」惠能對曰：「弟子是嶺南新州百姓，遠來禮師，惟求作佛，不求餘物。」

祖言：「汝是嶺南人，又是獦獠，若為堪作佛？」惠能曰：「人雖有南北，佛性本無南北。獦獠身與和尚不同，佛性有何差別？」

中原地區當時用「獦獠」稱呼南方少數民族，意思是未開化的南蠻子，帶有輕視、貶低的意味。而惠能機敏地回答，合於《大般涅槃經》（註二〇）中「一切眾生皆有佛性」的道理，足見其根器敏銳。爾後弘忍派惠能到後院打雜，負責踏碓椿米。

關於神秀與惠能同在東山寺的時間，依印順法師的說法，應為唐高宗龍朔元年（西元六六一年）。此說與〈大通碑〉所載符合，亦即神秀五十歲（永徽元年、西元六五五年）入弘忍門下，服勤六年後離開（即龍朔元年）；同年，惠能到黃梅參禮，共住於東山寺。

根據《壇經》記載，神秀和惠能在黃梅期間關係不算緊密，主要原因應在於兩人地位懸殊：神秀貴為上座、備受推崇，而惠能只是個負責「破柴踏碓」，並且不識字的行者（指尚未剔除鬚髮，但過著出家生活的佛教徒）。

事實上，兩人關係並不如傳說中那般劍拔弩張，早期南、北二宗分頭弘化也並未衝突，神秀入京後更曾多次向朝廷舉薦惠能。兩大法系的矛盾對立，可能是源自惠能弟子神會（註二一）批評神秀一系：「師承是傍，法門是漸。」之後更在滑臺辯法（註二二）展開激烈的論戰。

許多後世附會渲染的故事，為了凸顯惠能受付衣缽的傳奇性，透過文學性加工的渲染，或多或少增添了世人對神秀的誤解。本書在第六章「大通身後，南北之爭」將對此做進一步的說明。

「勿使惹塵埃」與「何處惹塵埃」

神秀在黃梅的第六年，弘忍大師已經年逾七十歲；為了讓法脈延續流傳，弘忍公開宣佈要大家各作一偈，並依此來選擇法嗣。

敦煌本《壇經》裡呈現的氛圍是，門人大多認為「偈不用作」，因為大家早已認為接班人必定是神秀；就算有人原本想作偈詩，卻限於對神秀地位的尊敬（或仰賴）而不行動，「諸人息心，盡不敢呈偈」。

而依敦煌本《壇經》，神秀對於寫偈與否也滿心糾結，經中並將這分為難的心情刻畫得入木三分：

上座神秀思惟：「諸人不呈偈者，緣我為教授師。我若不呈心偈，五祖如何得見我心中見解深淺？我將心偈上五祖呈意，即善求法。覓祖不善，卻同凡心奪其聖位；若不呈心，終不得法。良久思惟，甚難！甚難！」

引文顯示，神秀理解眾人不願呈詩獻偈，是期待做為教授師的自己先成表率；更重要的是，他期待通過師父的印可，來知曉自己對佛法見解的深淺，主要目的在於求法，並非覬覦衣缽，更無意引起紛爭。

宗寶本《壇經》記載，神秀完成詩偈後，來來回回四天，走到堂前十三次，依然沒有把詩偈送出；最後，選擇把寫在弘忍居室外長廊牆壁上，想讓師父自然而然地看到；若是得到弘忍認可，再出來承認是自己寫的。

神秀通過偈詩道出他對佛性的見解，敦煌本《壇經》稱此為〈無相偈〉：

身是菩提樹，心如明鏡臺；

時時勤拂拭，勿使惹塵埃。

神秀把人的本身比喻為「智慧樹」（「菩提」為梵文bodhi之音譯，意為「覺悟」），並將眾生先天具有的佛性之心，喻為一面清澈可照物的鏡子；吾人應時時刻刻勤勞掃除，不要讓智慧的身心染上塵埃。這首詩偈表示：一個人如果要修行成道，必須要每天勤勞用功，反省自心，不可有一日懈怠；通過勤加修行掃除心上的雜質、煩惱，不被世間塵埃雜念沾染、左右。

一般認為，這首偈詩呈現神秀「漸修成佛」的看法。張說〈大通碑〉以「心鏡外塵，匪磨莫照」讚揚神秀禪法，與偈頌傳達的要旨基本相同。

神秀的思想其實合於弘忍對於禪法的見解。在《修心要論》(註二三)中，弘忍反覆強調「守心」的重要，例如：

既體知眾生佛性本來清淨，如雲底日；但了然守本真心，妄念雲盡，慧日即現。何須更多學知見，所生死苦，一切義理及三世之事，譬如磨鏡，塵盡明自然現。

從這段話可以看出，「守心」是漸進的過程，以「烏雲」、「灰塵」比喻妄念煩惱；通過守本真心的修行，能讓「慧日」、「明鏡」顯現；慧日、明鏡皆是用來比喻本有的智慧清淨之心。

「明鏡之喻」的比喻曾出現在《楞伽經》(註二四)中；大慧菩薩問佛陀要如何「淨除一切眾生自心現流」(即煩惱妄念)時，佛陀是這樣告訴大慧菩薩的：

漸淨非頓，如庵羅果，漸熟非頓；如來淨除一切眾生自心現流，亦復如是，漸淨非頓。譬如陶家造作諸器，漸成非頓；如來淨除一切眾生自心現流，亦復如是，漸淨非頓。譬如大地漸生萬物，非頓生也；如來淨除一切眾生自心現流，亦復如是，漸淨非頓。譬如人學音樂、書、畫種種伎術，漸成非頓；如來淨除一切眾生自心現流，亦復如是，漸淨非頓。譬如明鏡，頓現一切無相色像；如來淨除一切眾生自心現流，亦復如是，頓現無相。無有所有清淨境界，如日月輪，頓照顯示一切色像。

這段經文清楚地指出，通過修行除去煩惱妄念，是「漸淨非頓」的過程，如同果子要慢慢成熟、陶器要逐漸製成、大地生成萬物也是逐步漸次的，人們學習音樂、書法、繪畫等技術，也是逐步習得而成；直到斷除妄念、煩惱之後，就會如同明鏡、日月般頓顯清淨的真如佛性。

從上述《楞伽經》引文中的「漸淨非頓」、弘忍的「守心」思想到神秀所呈心偈，皆指出通過漸修而保持清淨的智慧本心，三者脈絡是一致，可見神秀對於弘忍的教法掌握深切。難怪在《楞伽師資記》中記載，弘忍曾說：「吾與神秀論《楞伽經》，玄理通快，必多利益。」

據敦煌本《壇經》所述，神秀題詩的南廊，原本弘忍預備請畫師繪製「楞伽變」；見到神秀所題之後，於是改變了主意，轉為留下此偈：「弘忍與供奉錢三十千，深勞遠來，不畫變相也。《金剛經》（註二五）云：『凡所有相，皆是虛妄。』不如留此偈，令迷人誦。依此修行，不墮三惡。依法修行，有大利益。」接著命人焚香禮拜，盡頌此偈。偈詩馬上在東山寺流傳開來，眾人琅琅上口，無不讚歎此偈。

當天夜裡，弘忍喚神秀入堂，問他：「那首偈詩是你作的嗎？」神秀說：「那首詩確實是弟子作的。我不敢妄求祖位，只希望和尚慈悲，看看弟子是否有少許佛性的智慧呢？」

雖然白天當眾稱許，夜晚單獨談話時，弘忍卻說這首詩偈還沒有見到本有的佛性。敦煌本《壇經》是這樣說的：

> 汝作此偈見解，只到門前，尚未得入。凡夫依此偈修行，即不墮落；作此見解，若覓無上菩提，即不可得。要入得門，見自本性。汝且去，一兩日思惟，更作一偈來呈吾；若入得門，見自本性，當付汝衣法。

意謂，弘忍認為，按照神秀的見解去修行，能使凡夫不墮入三惡道，卻沒有真正認識到無上菩提的自性；弘忍要神秀回去再思考一兩天，如果能夠真正見到本性，屆時再傳衣法給他。

宗寶本《壇經》則記載，師徒這次談話後又經過了數日，神秀恍惚不安、悶悶不樂，也沒有再作出新的詩偈，如經中所述：「又經數日，作偈不成。心中恍惚，神思不安，猶如夢中，行坐不樂。」後來的幾天裡，神秀思慮難平，行坐之間都感到不快。

在此須斟酌的是，《壇經》中提到神秀的事蹟，多是用以襯托惠能，不免具有誇飾的成分，導致後世誤以為神秀相對低下，或將神秀、惠能二人的思想理解為對立，形成另一種誤解。本書於「影響」部分介紹神秀思想時，將再申論二位大師的禪法並無根本的對立。

由於弘忍師父讚許南廊壁上的詩偈，並且要大家依此修行，東山寺上上下下很快地人人都會背誦神秀的〈無相偈〉了。某天，有個小童邊唱邊念詩句，正好路過惠能勞作的碓坊。惠能雖然不識字，但一聽童子朗誦的內容，便知道尚未見到本性。敦煌本《壇經》指出：「惠能及一聞，知未見性，即識大意。能問童子：『適來誦者，是何言偈？』」小童便把弘忍師父欲傳衣法、神秀南廊寫偈的來龍去脈解釋了一番。

惠能便請童子帶自己到南廊看看，正好遇上江州別駕（官名，相當於地方副首長）張日用在朗讀牆上內容。惠能聽完，說自己也有一首詩偈，請張別駕代為書寫。

惠能偈曰：

菩提本無樹，明鏡亦非臺；
佛姓（性）常青（清）淨，何處有塵埃？

另作：

心是菩提樹，身為明鏡臺，

明鏡本清淨，何處染塵埃？

惠能的兩首偈詩表達出「頓悟成佛」的見解，點出人的身心都是虛幻不實的，也映襯出神秀先前所作詩文落於色相、未見佛性。現行最廣為人所知的偈文為宗寶本《壇經》：

菩提本無樹，明鏡亦非臺；

本來無一物，何處惹塵埃？

這首詩偈說的是：菩提本身並不是如樹一般有固定的形象，明鏡（喻心）也沒有固定的鏡臺形體，不論用菩提或明鏡譬喻心或身，皆根本於人人都有的佛性，佛性本來就是空無一物（也就是「空性」的展現），是清淨而沒有雜質、染汙的；如果回到人人都本有的佛性來看，哪裡有塵埃的汙染呢？

惠能和神秀分別點出了佛法修行的不同境界或是不同階段：惠能的悟道呼

應《金剛經》：「凡所有相，皆是虛妄」的看法，而神秀的〈無相偈〉則契合《楞伽經》「漸淨非頓」的思想。雖然惠能與神秀展現出不同境界，但在不同境界上宣說佛法，並不代表兩人層級上的高低，或者對於佛法領略的深淺。

惠能指的是：根本上，每個人都有成佛的可能；即便在表象上沾染了俗世的紛擾，或者因而為惡，只要認清自己的本性，即可修行而成佛。神秀所指的則是：眾生尚未能達到當下成佛的階段時，須透過各種方法漸次修行以提升自身對佛性之了悟。如果平實地看待兩首詩偈，其實是對於不同層次與境界所提出的說明。

惠能偈頌一出，弘忍表面上說「此意未得了」（這首詩也未見本性），卻在夜晚喚惠能到內堂傳法：「五祖夜至三更，喚惠能堂內說《金剛經》。惠能一聞，言下便悟。其夜受法，人盡不知。便傳頓教及衣，以為六代祖。」敦煌本《壇經》道出了弘忍的擔憂：「自古傳法，氣如懸絲；若住此間，有人害汝，及須速去！」於是當晚便親自送惠能到九江驛，「將法向南」，衣缽由是南行。

分頭弘化，退藏於密

從前述的不同史料中，我們或能看出弘忍對神秀的評價與一般流傳的有些出入。然而，惠能秉受衣法，是否就等於是弘忍唯一傳人？一代只傳一人的傳法制，其實是出現神會於法統之爭時所提出的說法，即《菩提達摩南宗定是非論》所云：「又從上以來，一代只許一人，終無有二；縱有千萬學徒，亦只許一人承後。」本書在第六章「大通身後，南北之爭」將對此作進一步說明。

敦煌本《壇經》是南宗神會系的傳本，流傳編修的過程中自然會對惠能正統性予以加強和渲染。可以確定的是，領受弘忍囑咐的弟子應不只一人。依《楞伽師資記》（註二六）記載，弘忍臨終自述傳法弟子有十人：

「如吾一生，教人無數，好者並亡，後傳吾道者，只可十耳。我與神秀，論《楞伽經》，玄理通快，必多利益。資州智詵、白松山劉主簿，兼有文性。莘州惠藏、隨州玄約，憶不見之。嵩山老安，深有道行。潞州法如、韶州惠能、揚州高麗僧智德，此並堪為人師，但一方人物。越州義方，仍便講說。」又語玄賾曰：「汝之兼行，善自保愛；吾涅槃後，汝與神秀，當以佛日再暉，心燈重照。」

依此段文字來看，弘忍認為可傳其法的至少有神秀、資州智詵、白松山劉主簿、莘州惠藏、隨州玄約、嵩山老安、潞州法如、韶州惠能、揚州高麗僧智德、越州義方等十位弟子，而且並未區分這十位弟子的地位高低，只是陳述他們的思想特色和預期未來發展；再加上玄賾是弘忍圓寂前隨身侍奉的弟子，也是傳法的重要人物，《楞伽師資記》即為玄賾（註二七）弟子淨覺（註二八）依《楞伽人法志》所撰。由此判斷，「分頭弘化」的主張具備一定的可信度。

拜師六載，受法後的神秀深感師徒情誼深厚，臨別前涕淚相辭，爾後隱遁修行。神秀離開東山寺後的十年，他的行蹤成謎，幾乎音訊全無。一說其曾經還俗潛為白衣，一說他在荊州天宮寺隱居修行；亦有學者提出，神秀或許是因為參與陳情「沙門不應拜俗」一事被迫改名隱居（詳見第三章）。於史料中，直到儀鳳元年（西元六七六年）方才出現神秀至玉泉寺的相關事蹟。

【註釋】

註一：「十大德」指唐初慈悲寺僧官十人，其中大部分高僧多為南方求學弘法的義學高僧，並與長安大興善寺、大禪定寺關係密切。十大德的選拔方式為眾僧推舉後呈祠部批准，當然也有皇帝直接任命者（如十大德之首保恭係唐高祖獨舉）。據史料可知的有八位：保恭、吉藏、法侃、智藏、覺朗、慧因、明瞻、海藏，其餘不詳。

註二：三論宗為隋唐時期頗為著名的佛教宗派，依龍樹的《中論》、《十二門論》與提婆的《百論》三部論典立說而得名。核心理論為「諸法性空」，著重宣揚空、無相、八不中道等義理。尤其在集大成者吉藏法師與時人的論辯之中，更充分運用龍樹中道觀，善於排除兩端而顯示正確的道理，並且指出自己所提出的主張是為證明他人的錯誤而設，並非絕對的論述；因此，在立論之後，也應認知到自己所立之論也是空而不實的，才能真正地凸顯空義與中道義。或許正是由於這樣的思想特性，三論宗在吉藏之後即不傳；甚至，三論宗的定名亦可能是由後人所提出，乃是將依三論立說的論師統稱為三論宗，而非正式的宗派。

註三：吉藏（西元五四九至六二三年），隋唐僧人；祖籍為安息，亦稱為胡吉藏（因其先祖非中國人，故自稱為「胡」，亦有傳說其可能來自朝鮮）。其祖為避仇移居南海（今廣東），出生於建康（今江蘇省南京市）。俗姓安。七歲出家，師事法朗，後於嘉祥寺弘法，人稱「嘉祥大師」，或稱「嘉祥吉藏」。

吉藏被視為三論（《中論》、《十二門論》與《百論》）義理之集大成者，或被尊為三論宗的開創者；其善於運用排除兩端的方法，論破當時許多論師，甚而不立己說而彰顯空義與中道義，可謂非常難得與特別的大師。

吉藏在南朝陳、隋、唐三朝，皆備受皇室尊崇，盛名不衰。著有《大乘玄論》、《三論玄義》、《中觀論疏》、《百論疏》、《法華經玄論》等流傳於世，其思想亦東傳到日、韓等國，可見其影響之深廣。

註四：傅奕（西元五五五至六三九年）為唐代官員，相州鄴縣（今河北省邯鄲市臨漳縣）人。初仕隋，開皇年間以儀曹職位事奉漢王楊諒，後擔任唐高祖李淵的扶風太守。唐朝建立後為太史丞，後為太史令。武德四年（西元六二一年）上奏〈請廢佛法表〉，武德七年（西元六二四年）上疏〈請除釋教疏〉，後又上疏十一首，諫禁除佛教。中書令蕭瑀與其激烈辯論，傅奕說蕭瑀「遵無父之教」，蕭瑀對曰：「地獄所設，正為是人！」傅奕曾將魏、晉以來排斥佛教的言論集為《高識傳》十卷。其人通曉天文曆數，並注《老子》，撰有《老子音義》。

註五：華嚴宗為中國大乘佛教宗派之一，宗奉《華嚴經》（《大方廣佛華嚴經》）教義並發展出「法界緣起」、「十玄」、「四法界」、「六相圓融」等學說，在判教上將圓融無礙的《華嚴經》判定為「圓教」。

華嚴宗以杜順和尚為漢傳始祖，實際體系建立者為法藏（華嚴三祖）；二祖為智儼，四祖為澄觀，五祖宗密。亦有上推至馬鳴尊者為華嚴初祖、龍樹為二祖的說法，杜順以降則由三祖為順序開始後傳。

註六：杜順大師（西元五五七至六四〇年），唐代僧人。俗姓杜，法號法順。年十八出家，師事道珍；後居於終南山，宣講華嚴教法。貞觀六年，唐太宗詔請入宮並親迎之，賜號「帝心」。後世尊其為華嚴宗漢傳初祖，贊其為文殊化身、帝心尊者。其著名弟子為智儼（華嚴二祖）。

註七：玄奘法師（西元六〇二至六六四年），唐代僧人，傑出譯經家。俗姓陳，名禕，因精通佛教經、律、論三藏，唐太宗賜號「三藏法師」，世稱唐三藏。

十三歲為僧，其後各地遊歷參訪名師。後研究《涅槃經》、《攝大乘論》、《雜阿毗曇心論》、《成實論》、《俱舍論》等，因感諸家說法分歧，故決定西行取經。

貞觀三年（西元六二九年）從長安出發，孤身涉險、歷經萬難，至貞觀十九年（西元六四五年）歸來，攜回大小乘佛典五百二十筴、六百五十七部，受朝廷器重，供養於大內；朝廷同年建譯經院，詔玄奘翻譯新經。

玄奘先後在弘福寺、大慈恩寺、北闕弘法院、玉華宮展開譯經工作，近二十年間翻譯出大小乘經論七十五部、一千三百三十五卷，諸如《大般若經》六百卷、《瑜伽師地論》一百卷、《大毗婆沙論》二百卷、《成唯識論》、《攝大乘論》等經論，皆為玄奘法師所主譯。

註八：弘忍（西元六〇二至六七五年）為漢傳佛教禪宗五祖，俗姓周，蘄州黃梅人。七歲從道信出家，十三歲剃度為僧。弘忍承繼道信一行三昧、守一不移的禪法，提倡「齊速念佛名」、「徵心」、「向心中看一字」的法門。後定居於馮茂山；因此處位於道信所居的雙峰山之東，故其教法世稱「東山法門」。其弟子眾多，著名者有神秀、惠能、法如、老安等。

註九：東山寺位於今湖北省黃梅縣，又稱「五祖寺」，建於唐永徽五年（西元六五四年）。四祖圓寂後，弘忍繼任雙峰山法席；由於求法者眾，後於雙峰山東面馮茂山再建道場，稱為「東山寺」。

註一〇：「達摩」全稱為菩提達摩（Bodhidharma），中國禪宗東土初祖。約於南朝梁武帝年間東渡中土，與梁武帝話不投機，達摩禪在當時亦未受重視。

其禪法主要為「二入四行論」：「二入」指「理入」與「行入」。「理入」是從道理上通達，通過道理上的修學和歸信體悟要旨（藉教悟宗），進而深信眾生都是同一的佛性，與真如相符，心境上寂然無為。「行入」則是實踐法門的四種修行工夫：「報怨行」、「隨緣行」、「無所求行」、「稱法行」，合稱「四行」。通過前三行的實踐，讓所有行為合於性淨之理，亦即隨法而行。

註一一：慧可（西元四八七至五九三年），為中國禪宗二祖。俗姓姬，洛陽虎牢（今河南省滎陽）人，原名神光。少為儒生時博覽群書，尤擅《老》、《莊》，後至洛陽龍門香山隨寶靜禪師出家，於永穆寺受具足戒。年約四十遇遊化行至嵩洛一帶的達摩，遂拜為師。隨達摩學習六年，「精究一乘」；後達摩以《楞伽》印心，其思想亦承襲之，更近一步提出「萬法皆如」、「身佛不二」。

註一二：僧璨，漢傳禪宗三祖。約出生於北齊時代，原為在家居士，四十歲時謁見慧可。其生平事跡、家鄉、俗姓皆不詳。《楞伽師資記》說其：「隱思空山，蕭然淨坐，不出文記，祕不傳法。」一生都在山林之中遁隱。

註一三：道信（西元五八〇至六五一年），漢傳禪宗四祖，為禪宗承先啟後的重要人物。俗姓司馬，七歲出家，約十四歲禮僧璨。自道信起，以雙峰山為固定傳法根據地，並提號召門人作務，農禪並舉、自給自足。道信將《楞伽經》與《文殊說菩薩經》等量齊觀，並將「一行三昧」的念佛法門結合《楞伽經》「諸佛心第一」的思想，從中凸顯「當下即是」

的念佛之心，成就其安心方便法門。世人將其與弘忍的道法並稱為「東山法門」；而之後的神秀一系，則被視為繼承和發揚自道信以來的東山法門。

註一四：「懸解」一詞可能來自《莊子》。《莊子．大宗師》云：「安時而處順，哀樂不能入也，此古之所謂懸解也。」此處的「懸解」意指從倒掛的狀態中解除，亦即回復安適自在的正常狀態。《宋高僧傳》藉弘忍傳達並運用了這個概念說明神秀的境界與能力。

註一五：教授師又稱「威儀師」，負責教授威儀作法，必須由戒臘五年以上的僧人擔任。

註一六：羅睺羅，梵名 Rāhula，佛陀十大弟子之一，為佛陀嫡子；相傳在胎六年，生於成道之夜。十五歲出家，於十大弟子中為「密行第一」。（「密行」意指微細的修行方法與細節）。羅睺羅出家之後，佛陀對他的鍛鍊特別嚴格，直至修成阿羅漢、解脫煩惱之後，具足「三千威儀」、「八萬細行」，而被佛陀讚歎為「密行第一」。

註一七：「請以半座」典故出自《雜阿含經．卷四十一》：「爾時，尊者摩訶迦葉久住舍衛國阿練若床坐處，長鬚髮，著弊納衣，來詣佛所。爾時，世尊、無數大眾圍繞說法。時，諸比丘見摩訶迦葉從遠而來，見已，於尊者摩訶迦葉所起輕慢心，言：『此何等比丘？衣服粗陋，無有儀容而來，衣服佯佯而來。』爾時，世尊知諸比丘心之所念，告摩訶迦葉：『善來！迦葉！於此半座，我今竟知誰先出家，汝耶？我耶？』彼諸比丘心生恐怖，身毛皆豎，並相謂言：『奇哉！尊者！彼尊者摩訶迦葉，大德大力，大師弟子，請以半座。』」

註一八：惠能（西元六三八至七一三年，或稱慧能，「惠」與「慧」在唐代通用），為禪宗六祖。俗姓盧，祖籍河北范揚，父親盧行瑫獲罪貶官嶺南新州，於龍山腳下出生。三歲喪父，家貧以砍柴維生，不識文字。年二十四至黃梅參禮弘忍，得五祖密受心印，衣缽南下。後避難於獵人隊潛藏，乾封二年（西元六六七年）於法性寺剃度、受具足戒。

惠能被視為中國禪宗史上的重要開創者，其教化方式為隨境說法、直指人心，於曹溪宣揚不立文字、見性成佛的頓悟法門。其思想將般若智慧與空觀融會貫通，藉此打通所有的修行方法，強調「定慧一體」、「一行三昧」，並善於運用淺顯易懂、近乎口語的文字，使受眾能夠心領神會。

惠能所傳頓教法門，於唐代達至「凡言禪皆本曹溪」的盛況；其身後更蓬勃發展，出現「一花開五葉」的南禪五家，即溈仰、臨濟、曹洞、法眼、雲門等五宗，對中國佛教、思想、文化有重大而深遠的影響。

註一九：《壇經》為惠能登堂說法、度化眾生及其生平事蹟的記錄，一般認為由法海整理記錄而成。目前可知所傳版本最早為「敦煌本」，全名《南宗頓教最上乘摩訶般若波羅蜜惠能大師於韶州大梵寺施法壇經》，為中國佛教典籍中唯一一部稱為「經」的作品。隨著禪宗蓬勃流傳，《壇經》也隨之修訂增補，版本高達三十多種，其中以敦煌本、惠昕本、契嵩本及宗寶本為主要版本。《壇經》中涉及許多佛教典籍，如《金剛經》、《楞伽經》、《法華經》、《大般涅槃經》等，展現對各經典的融合與繼承；

其中，《大般涅槃經》「一切眾生皆有佛性」為《壇經》的基本觀點。

註二〇：《大般涅槃經》（Mahāparinirvāṇa Sūtra）為大乘佛教重要經典之一，記錄釋迦牟尼佛入涅槃前之說法，內容闡述「常樂我淨」、「法身常住」及「眾生皆有佛性」等佛教重要思想。漢譯本分南北兩種：北涼曇無讖譯四十卷是為北本；南朝時，慧觀、慧嚴與謝靈運等人修訂潤色，並對照法顯譯本，分三十六卷，是為南本。

註二一：神會（西元六八四至七五八年），為南禪荷澤宗初祖。俗姓高，襄陽（今湖北省襄陽市）人。初事神秀，後至曹溪參禮，為惠能晚年弟子。自幼學習四書五經，通曉《老》、《莊》、諸史，於國昌寺出家。開元年間召開滑臺大會批評神秀一系，又著《顯宗記》定南、北頓漸之教的區別。由於神會對平定安史之亂有貢獻，後入京受供養，圓寂後謚號真宗大師。貞元十二年（西元七九六年），朝廷封其為禪宗七祖，南宗遂為正統。

神會所傳禪法主張「寂知指體，無念為宗」，認為人人本來具有一顆寂然清淨之心，藉由去除妄念來保持清淨心的本來面目。

註二二：唐玄宗開元十八至二十年（西元七三〇至七三二年），連續三年正月十五日，神會在滑臺大雲寺設立「無遮大會」，與崇遠展開法統之爭的辯論。神會指責北宗「師承是傍，法門是漸」，並提出歷代禪宗傳法為「一代一人」，大力提倡六祖惠能的正統。無遮大會的辯論內容經多次編修，題名為《菩提達磨南宗定是非論》，流傳於後世。

註二三：《修心要論》之敦煌寫本全名為《蘄州忍和尚導凡趣聖悟解脫宗修心要論》，禪宗著作，內容由十四段問答組成，論述弘忍的守心禪法。《楞伽師資記》云弘忍：「蕭然淨坐，不出文記」。《修心要論》實為弟子門徒集錄而成。

註二四：《楞伽經》全稱《楞伽阿跋多羅寶經》（Lankāvatāra-sūtra），大乘佛教典籍，早期禪宗不立文字的精神正源於此。菩提達摩以四卷《楞伽經》傳付慧可，二祖慧可亦以本經傳授門下，至五祖弘忍皆弘傳此經。四祖道信以《文殊說般若經》結合《楞伽經》授徒，至五祖弘忍以《金剛經》作為傳法核心，但仍重視《楞伽經》。《楞伽經》主要內容為佛開示的「五法」、「三自性」、「八識」和「二種無我」。漢譯本今存有三：南朝宋求那跋陀羅譯的《楞伽阿跋多羅寶經》共四卷，又名《四卷楞伽》；北魏菩提流支（生卒年不詳）譯的《入楞伽經》，共十卷，又名《十卷楞伽》；唐朝實叉難陀（西元六五二至七一〇年）譯的《大乘入楞伽經》，共七卷，又名《七卷楞伽》。

註二五：《金剛經》全名為《金剛般若波羅蜜經》（Vájra-cchedikā-prajñā-pāramitā-sūtra），又或譯為《佛說能斷金剛般若波羅蜜多經》，是《大般若波羅蜜多經．第九會》的〈能斷金剛分〉，為大乘佛教的重要經典。目前漢譯本以後秦鳩摩羅什（西元三四四至四一三年）最為流行，內容主要以「空有雙遣」的言說方式闡明何謂「般若」。

惠能認為此經宗旨為：「應無所住，而生其心。」而神秀《大乘無生方便門》中的「離念門」提到：「一切相，總不得取。（所）以《金剛經》云：『凡所有相，皆是虛妄。』」其「觀心看淨」便是把握住《金剛經》

中的「無相」來修行。

註二六：《楞伽師資記》又稱《楞伽師資血脈記》，唐朝淨覺撰。內容承襲《楞伽人法志》而作，記載《楞伽經》八代傳承之經過，是基於北宗禪師系統所撰寫的禪宗初期史；因初期幾位宗師的傳法重視《楞伽經》，所以名為《楞伽師資記》。所載禪師依序為：（一）求那跋陀羅（《楞伽經》譯者）；（二）菩提達磨；（三）慧可；（四）僧粲（璨）；（五）道信；（六）弘忍；（七）神秀、玄賾、老安（慧安）；（八）普寂、敬賢、義福、惠福。計八代傳承。

本書最大特色在於，關於弘忍傳人之記載大異於南宗《壇經》傳衣付法之說，而提出「十大弟子分頭弘化」，更突出弘忍對神秀、玄賾的重視。此書內容不僅為傳記，並且敘述禪師們的思想及修行方式，是研究中國禪宗初期史的重要史料。

註二七：玄賾（生卒年不詳），唐代僧人，為五祖弘忍法嗣之一。俗姓王，祖籍太原祁縣（今山西省汾陽市）人，由於高祖為官的緣故，玄賾出生於雲夢大澤一帶（約位於今湖北省江漢平原）。玄奘法師從印度歸來後，於弘福寺翻經院譯出《大乘阿毘達磨雜集論》十六卷，玄賾擔任筆受之職；又在玄奘譯《大菩薩藏經》二十卷時，與行友協力編輯。咸亨元年（西元六七〇年）投入弘忍門下。弘忍示寂前，曾命玄賾等人「運天然方石」起塔；至五祖圓寂前，玄賾皆隨侍在側。久視元年（西元七〇〇年）獲得武則天召見；唐中宗景龍二年（西元七〇八年），奉詔入京廣開禪法，並受中宗之皈依。

玄賾曾著《楞伽人法志》，內容記載傳承《楞伽經》高僧的相關事蹟，今已不傳。不過，其弟子淨覺根據《楞伽人法志》作《楞伽師資記》，是研究禪宗的重要文獻。

註二八：淨覺（西元六八三年至約七五〇年），唐代僧人，俗姓韋，相傳其為唐中宗韋庶人（即韋后，因毒死中宗而被時為臨淄王的李隆基所殺，並將其貶為庶人）之弟；然而，根據楊曾文於《唐五代禪宗史》的考察，淨覺或為韋庶人「宗屬疏遠之弟」。在王維所撰的〈大唐大安國寺故大德淨覺師塔銘〉中說，淨覺於唐中宗神龍政變推翻武則天復位後，為了迴避韋后給予封侯，遂遁隱乞食，入太行山剃度出家。根據李知非為淨覺《注般若波羅蜜多心經》所作的〈略序〉提到，淨覺先是神秀門人，又師事嵩山慧安（老安），最後成為玄賾傳燈弟子，他的思想受到這些禪師們的影響。

第三章　退藏於密，「威秀」之謎

後隨遷適（謫），潛為白衣，或在荊州天居寺，十所年，時人不能測。

神秀離開黃梅後的十多年，究竟是什麼樣的原因，導致他受到貶謫，甚至一度還俗？《傳法寶紀》：「後隨遷適，潛為白衣」，佛教稱呼在家的世俗之人為「白衣」，可見這段期間他改變了出家者的身分，躲藏隱匿不被朝廷所容。

浙江之亂，波及佛門

若根據神秀拜師時間結合政治事件，為其隱匿找出原因，有學者認為，長達十年的遁隱，主要是受到永徽四年（西元六五三年）浙江陳碩真起義的

影響。（註一）

陳碩真（一作陳碩貞，生年不詳，西元六五三年卒）自封「文佳皇帝」；由於早於武則天自立，或被視為「中國第一個女皇帝」。（註二）

相傳陳碩真所在的睦州（今浙江省杭州轄下建德市）原是富庶之地，卻不幸遇上災荒。先是連續三月不雨，農地飽受天旱，寸草不生的田野竟又迎來鋪天蓋地的蝗災；已經苦不堪言的百姓，仍須承擔朝廷沉重的賦稅。在這樣的背景下，陳碩真假託宗教作為號召，宣說自己擁有上天下地、駕馭鬼神的能力，可以為百姓治病造福；於是民間一傳十、十傳百，吸引群眾追隨，進而發動叛亂。

在這位自稱九天玄女下凡、號為赤天聖母的女頭目帶領之下，追隨者從千人發展到上萬人。《資治通鑑》記載其始末：

初，睦州女子陳碩真以妖言惑眾，與妹夫章叔胤舉兵反，自稱文佳皇帝。……

碩真撞鍾焚香，引兵二千攻陷睦州及於潛，進攻歙州，不克。……民間訛言碩真有神，犯其兵者必滅族，士眾凶懼。司功參軍崔玄籍曰：「起兵仗順，猶且無成；況憑妖妄，其能久乎！」義玄以玄籍為前鋒，自將州兵繼之，至下淮戍，遇賊，與戰。……於是士卒齊奮，賊眾大潰，斬首數千級，聽其餘眾歸首；進至睦州境，降者萬計。十一月，庚戌，房仁裕軍合，獲碩真、叔胤，斬之，餘黨悉平。

一般認為，陳碩真是混合道教、民間信仰和拜火教（註三），用「奇門遁甲」（註四）的方式來展現自己受到神諭以獲取支持。據《資治通鑑》記載，陳碩真事件於永徽四年十月初登場，十一月底即宣告兵敗。

這場反動雖然為期短暫，但陳碩真舉兵期間攻破了許多州縣，使江、浙一帶大大受到震盪，朝廷因而對江左地區採取嚴格管理及限制。

此外，陳碩真打著宗教旗幟發動叛亂，明顯違反唐高宗在同年（永徽四年）

四月頒布「道士、女冠、僧尼等不得為人療病，及卜相」的敕令。於此非常時期，佛教僧侶由是受到嚴重波及，如《續高僧傳．法融傳》記載此事對沙門的影響：

睦州妖女陳碩真，邪術惑人傍誤。四方遠僧都會建業，州搜縣討無一延之。融時居在幽巖室猶懸磬，眾僧貧煎相顧無聊（指精神空虛、愁苦）。日漸來奔數出三百，舊侶將散新至無依；雖欲歸投計無所往，縣官下責不許停之。

簡言之，在官方強行搜查下，僧人們甚至到了無處容身的地步。神秀的遁隱是否直接受到陳碩真之亂的波及？在目前可知的文獻上，無法證實兩者之間的直接關聯；但是，政治事件對佛教造成的影響，不妨作為其所處時代的參照。

拜俗爭議，「威秀」登場

此外，亦有學者推測，神秀之隱遁，或與上表陳情「沙門不拜俗」有關。（註五）

唐高宗重視並禮遇佛教，卻也試圖通過世俗倫理對佛教進行限制。先是在顯慶二年（西元六五七年）頒布〈僧尼不得受父母尊者禮拜詔〉，從名分與倫常的立場，規定僧尼不得接受父母尊者的禮拜：

釋典沖虛，有無兼謝；正覺凝寂，彼我俱忘。豈自尊崇，然後為法？聖人之心，主於慈孝。父子君臣之際，長幼仁義之序，與夫周公、孔子之教，異轍同歸；棄禮悖德，深所不取。僧尼之徒，自云離俗，先自貴高。父母之親，人倫以極，整容端坐，受其禮拜；自餘尊屬，莫不皆然；有傷名教，實斁（敗壞）彝典。自今以後，僧尼不得受父母及尊者禮拜。

到了龍朔二年（西元六六二年），唐高宗又命臣子針對僧眾致拜君親一事進行商議。四月十五日這天，大臣許敬宗宣讀高宗下達的〈命有司議沙門等致拜君親敕〉：「今欲令道士、女冠、僧尼，於君皇后及皇太子其父母所致拜，或恐爽其恆情，宜付有司，詳議奏聞。」先是要出家人不得受父母尊長禮拜，再擴大到讓沙門致拜君王、皇后等。

簡言之，唐高宗藉由對儒家文化立場的維護，想將倫理關係置於佛教之上，進而捍衛君權威望。

這項詔令引發很大的反彈。大莊嚴寺（註六）威秀法師便於四月二十一日作〈沙門不合拜俗表〉，其中提到：

自古帝王齊尊其度，敬其變俗之儀，全其抗禮之跡，遂使經教斯廣，代代漸多；宗匠悠遠，時時見發。……今若返拜君父乖異群經，便發警俗之譽，或陳輕毀之望。昔晉成幼沖，庾冰矯詔，桓楚（即桓玄）飾詐，王謐抗言。及宋武（即南朝宋孝武帝）晚年，將隆虐政，制僧拜主，況尋還停息。……況乃夏勃（即赫連勃勃）敕拜，納上天之怒；魏燾（即拓跋燾）行誅，肆下癘之責。……僧等內遵正教，固絕跪拜之容；外奉明詔，令從儒禮之敬。俯仰惟咎，慚懼實深。如不陳請，有乖臣子之喻；或掩佛化，便陷罔君之罪。……

陳情內容徵引諸史，舉出歷史上著名沙門拜俗爭論事件，包括：晉成帝年幼時，庾冰（註七）排斥佛教，假傳皇帝詔書提出「沙門應禮敬王者」；桓玄（註八）逼迫晉安帝退位篡立桓楚後，要挾沙門須向王者致敬，王謐（註九）與之反覆辯論。而南朝宋孝武帝（註一〇）晚年，下達要沙門拜主的暴虐政令，不久後便因為自己短命而停息；其他尚有著名暴君，如僭居夏州的赫連勃勃（註一一）要沙門向自己致拜，以及北魏拓跋燾（註一二）下詔滅佛等史事。

從「矯詔」、「飾詐」、「虐政」等用詞，到舉赫連勃勃、拓跋燾等暴君為例，顯示出威秀法師捍衛佛法的心非常強烈。然而，這些「旁徵博引」彷彿將歷史上毀佛暴君與唐高宗予以關聯和比擬，此「不敬」的行為極可能引起君王或朝臣們的不快，更可能因此遭貶。

在威秀的帶領下，京城兩百多位僧人一起齊聚蓬萊宮（即大明宮，唐高宗時修建後稱蓬萊宮，唐朝皇帝在此處理朝政）上呈表疏，卻僅得到「敕令詳議，拜否未定，可待後集」的答覆。眾人只好離開蓬萊宮，到往西明寺集合。

當時駐錫在西明寺（註一三）的道宣法師（註一四）則四處奔走求助權貴，分別在四月二十五日向太子李賢上表〈上雍州牧沛王論沙門不應拜俗啟〉，四月二十七日向榮國夫人（即武則天的母親）上表〈上榮國夫人楊氏沙門不合拜俗啟〉，另外又作〈序佛教隆替事簡諸宰輔等狀宰相〉致朝臣。

到了五月十五日這天，朝廷請官員商議沙門致敬之事：「大集文武官僚九品以上，并州縣官等千有餘人，總坐中臺（即尚書省）都堂將議其事。」道宣、威秀聯合大慈恩寺（註一五）的靈會法師和弘福寺（註一六）的會隱法師，率領僧眾三百餘人，將佛經和僧伽表疏呈遞官員，這場涉及眾多朝野僧俗的盛大集會，卻沒有因為參與意見的踴躍而取得共識。

這一事件最後是唐高宗做出了讓步。沙門是否拜俗的辯論，朝臣們贊成、反對各有擁護，以反對者佔大多數而告終。唐高宗於是在六月五日下〈停沙門拜君詔〉，明文曰：

今於君處，勿須致拜。其父母所，慈育彌深，只伏斯曠，更將安設，自今已後，即宜跪拜，主者施行。

致拜君王的詔令雖然已經停止，唐高宗卻仍舊希望沙門要跪拜父母奉行世俗禮儀。這樣的要求並不合於佛門儀制，眾僧們立場堅定，持續上表陳情反對。道宣法師等人上〈榮國夫人楊氏請論拜事啟〉、玉華宮（註一七）靜邁法師（註一八）等人上〈拜父母有損表〉。

威秀也在八月二十一日呈送〈上請不拜父母表〉，文中引述《梵網經》（註一九）「出家人不向國王父母禮拜」、《順正理論》（註二〇）「國君不求比丘（丘）禮拜」等經論記載，據此說明歷代君王對佛教都是「依經敬仰」。而皇帝頒布的詔書，普天率土必定依從，若強制沙門拜俗，史臣將秉筆直書，將此事流傳；威秀站在君王的角度為其名譽擔心：「恐直筆史臣，書乖佛教，萬代之後，蕪（汙）穢皇風」。接著又點出僧侶不同於一般民眾：「竊聞真俗異區，桑門（即沙門）割有生之戀，幽顯殊服，田衣（註二一）無拜首之容。理固越情，道仍乖物。」

威秀又稱，報答親恩不須囿於跪拜：

沉挺形戒律，鎔念津梁；酬恩不以形骸，致養期於福善。而令儀不改釋，拜必同儒，在僧有越戒之愆，居親有損福之累。

其認為，沙門引導濟渡眾生、在家眾供養佛門亦有功德，這些都是對雙親仁慈撫育的回報；若強行讓釋門遵循儒家之禮，對僧侶來說是犯了越戒的過錯，對在家親人的福德也將有所減損。威秀的奏章可說有理有據。

從這點也可以看出，佛教思想當時在中國傳播，仍與儒家思想有著相當程度的對立，尚無法因地制宜，將敬拜父母的行為視為儀式的表現，而不違背佛教宗旨；其後仍引發儒家立場的捍衛者，如中唐的韓愈、李翺等人對佛教的拒斥。這樣的爭端一直延續到宋明時期仍未止歇。

通過各層面論述沙門不應拜俗的理由後，威秀也提出他的期待：「既已崇之於國，亦乞正之於家，足使捨俗。無習俗之儀，出家、絕家人之敬。」〈停沙門拜君詔〉中關於拜父母的旨意，在眾多高僧表態反對下，詔令逐漸不了了之，形同虛設。

「威秀」之謎

從〈沙門不合拜俗〉到〈上請不拜父母表〉可以知道，威秀在初唐佛教界具備一定的聲望及影響力；然而，史書對威秀的描述卻顯得有些模糊。《宋高僧傳·唐京師大莊嚴寺威秀傳》是這樣說的：

釋威秀，不知何許人也。博達多能，講宣是務，志存負荷，勇而有儀。其於筆語掞張，特推明敏。無何天皇即位，龍朔二年四月十五日，敕勒僧道咸施俗拜。時則僧徒惶惑，罔知所裁。秀嗟教道之中微，嘆君王之慢法，乃上表稱：「沙門不合拜」，徵引諸史，爰歷累朝抑挫，朝纔發令，夕又改圖，皆非遠略也。方引經律論，以為量果，詞皆婉雅，理必淵明。

一位在當代與道宣法師比肩而立、且在重要事件上帶領眾人的高僧，竟然「不知何許人」？確實耐人尋味。

《宋高僧傳》對威秀的記載主要圍繞著沙門不拜俗陳情事件，缺乏其生平經歷的敘述。在有限的資料中，可以看出威秀是一位對佛經與諸史皆長、學問淵博之人，這與「學究精博，探《易》道、味黃老及諸經傳，自三古微賾，靡不洞習」的神秀如出一轍，使人產生聯想，是以學者用假說補足神秀這十年間

的空白。（註二二）

神秀後來到了長安，以「威秀」為名在大莊嚴寺駐錫；接著經歷沙門不拜俗的陳情，在此期間反抗皇帝詔令，導致後來被遷謫。在十多年隱祕生活過去後，依推測，神秀再次公開活動時，為了不受之前事件影響，於是又恢復原名，這也是威秀在史書相關資料記載中隱晦的原因。

此推論有其道理。長安沙門反對運動事件發生在唐高宗龍朔二年（西元六六二年），神秀正是龍朔元年（西元六六一年）拜別弘忍離開東山寺，時間點上的銜接也頗為合理。此外，威秀與神秀兩人皆屬才學出眾並富有領導能力的高僧，言行皆有不少追隨者。若曾經為了捍衛佛法而造成對權貴者的冒犯以致被貶；那麼，日後為弘法而入京受供養，便不宜再繼續使用「威秀」這個曾被遷謫過的爭議身分。

潛藏荊州，後歸玉泉

神秀這十多年行跡成謎的罅隙，除了或許以「威秀」的身分活動外，也可能隱居於荊州，如《傳法寶紀》所載：「或在荊州天居寺，十所年，時人不能測。」

荊州古稱江陵，在南朝時期就是長江中游的佛教重鎮。南朝梁元帝蕭繹（時為湘東王）出鎮荊州時，曾在此供養一千多名僧人，地處江陵邑南十里的天居寺正是其所造。

東山法門遍布的中心地帶大約就是在蘄州（即黃梅）、荊州、襄陽等地，神秀隱蔽行藏於其中，不斷精進。

到了唐高宗儀鳳年間（西元六七六至六七九年），神秀早已年過古稀，在數十位荊楚大德們共同推薦下，僧籍玉泉寺。（註二三）〈大通碑〉：「儀鳳中，始隸玉泉，名在僧錄。」

玉泉寺位於當陽西南玉泉山，智顗曾於此弘揚天台教義，並獲隋文帝賜額。事實上，神秀最初居住之地，是玉泉寺東邊楞伽峰下的「度門蘭若」。蘭若即阿蘭若（梵語 aranya），或稱阿蘭若處，意思是荒野、山林，指稱適合出家人居住、修行的僻靜場所。

度門蘭若屬於玉泉寺別院，初名「度門庵」，梁武帝時期曾重新修建。在神秀日後應詔入京後，武則天下令「於昔住山置度門寺，以旌其德」。

當神秀來到這峰巒嵯峨、地坦山雄的靈性之地時，便有了想在此地終老之意，如〈大通碑〉云：「此正楞伽孤峰，度門蘭若，蔭松藉草，吾將老矣。」

神秀本想潛心修行；然而，他在荊州的消息慢慢傳了開來，求法者絡繹不絕到來，玉泉寺逐漸成為天下學禪者聚集之地。

【註釋】

註一：大陸學者杜繼文、魏道儒認為，神秀是四十六歲那年參禮弘忍——此說合於《傳法寶紀》記載，但與本書前章採用說法不同，故特此說明；並據其拜師時間結合政治事件，為神秀的還俗隱匿找出原因。

杜、魏所著之《中國禪宗通史》指出：「神秀四十六歲到雙峰山，時在永徽二年，即道信終年。永徽四年（西元六五三年），浙江發生陳碩真起義，官方牽連的面極大，江左沙門受到普遍打擊。神秀在弘忍門下服勤六年，即被強令還適，可能與此事有關。」

註二：知名歷史學家翦伯贊在《中國史綱要》裡認為，陳碩真是中國歷史上第一個稱帝的農民起義女領袖，也可以說是中國歷史上第一個女皇帝。

註三：拜火教即瑣羅亞斯德教（Zoroastrianism），約在西元前六至七世紀間，由波斯然瑣羅亞斯德所創，中國稱拜火教、祆教。該教奉《波斯古經》為經典，認為火、光明、清淨、創造、生是「善端」，代表善端的神是「阿胡拉．瑪茲達」；黑暗、惡濁、不淨、破壞是「惡端」，代表惡端的神是「安格拉．紐曼」。善端與惡端二者都是時間之神楚爾凡所生，兩端相爭的結果，善必勝惡。人可以在善惡兩神之爭中自由選擇，進而決定自己的命運。該教認為，人死之後，「阿胡拉．瑪茲達」將根據其在世的言行來進行審判，或上升天堂，或投入地獄。

宗教活動方面，教徒在麻葛（祭司，世襲制）指導下，經過一定的儀式來禮拜聖火，因為該教認為「火」是光明、是善的代表，為阿胡拉．瑪茲達的象徵。在伊斯蘭教誕生之前，是西亞最有影響力的主要宗教。拜火教大約於六世紀南北朝時傳入中國，又稱為「波斯教」、「祆道」。

唐代隨著西域人士到中國經商，長安、洛陽都設有「火祆祠」，朝廷更設置「薩寶府」管理之；北宋末、南宋初，在汴梁、鎮江等地還有祆祠，宋朝以後的史書不再提及。現存於伊朗偏僻地區及印度境內帕西人中。

註四：中國傳統文化中，「奇門遁甲」被認為是以《易經》、八卦為基礎，結合星相曆法、天文地理、陰陽五行等要素的一門學問；據說，姜子牙、范蠡、張良、諸葛亮、劉伯溫等著名軍師都曾使用奇門遁甲。民間流傳，只有帝王身邊如軍師、欽天監、國師等重要大臣才通曉奇門遁甲之術，後來被神化為一門法術。

此術以「開、休、生、傷、杜、景、驚、死」稱為八門，故名「奇門」。天干中「甲」最尊貴而不顯露，六甲（甲子、甲戌、甲申、甲午、甲辰、甲寅）常隱藏於「戊、己、庚、辛、壬、癸」六儀之內，故名「遁甲」。

註五：知名的美國禪宗學者馬克瑞（John R. McRae，西元一九四七至二〇一一年）在其著作《北宗禪與早期禪宗的形成》中列出幾點假設，認為神秀與《宋高僧傳》所載人物「威秀」或為同一人，並推測神秀在離開黃梅後可能用「威秀」之名在京城弘法；因為上表陳情「沙門不拜俗」引發皇帝或官員們的不滿，導致被貶。本章中對於「威秀」與神秀之關聯，皆出自馬克瑞的推測。

註六：大莊嚴寺位於長安城，舊稱禪定寺。隋文帝仁壽年間（西元六〇一至六〇四年），為追薦文獻皇后獨孤氏冥福而立，並敕征保恭為禪定寺道場主。

唐高宗武德二年（西元六一九年），禪定寺改為大莊嚴寺，下敕召回為避官府住藍田悟真寺的保恭重任寺主，負責檢校僧尼。續有神迴、道哲、智興、慧詮等名德住持，顯揚法門。

註七：庾冰（西元二九六至三四四年），字季堅，東晉大臣，為庾亮之弟。東晉成康六年（西元三四〇年），庾冰作〈代晉成帝沙門不應盡敬詔〉，認為「應父子之敬，建君臣之序，制法度，崇禮秩……名教有由來，百代所不廢。」認為維持儒家禮法至關重要，不可因佛教而改易。另又有〈重代晉成帝沙門不應盡敬詔〉，重申「王教不得不一，二之則亂」，站在儒家立場維護王權。尚書令何充等人則為佛教辯護，肯定佛教能安定人心、有益於王化：「尋其遺文，鑽其要旨，五戒之禁，實助王化。」認為不應強制沙門禮拜君王。由於朝中爭論不下，庾冰的主張在當時並未真正推行。

註八：桓玄（西元三六九至四〇四年），字敬道，於建康（今江蘇省南京市）篡立「桓楚」，改年號為永始。曾提出沙汰佛教，下令除了能「暢說義理」、「奉戒無虧」、「山居養志」者，其餘一律還俗。後接受廬山慧遠大師，放寬了不列入淘汰之列的條件，並下令「唯廬山（慧遠所居僧團）道德居所，不在搜簡之列」，足見桓玄對慧遠的尊敬和禮遇。此外，在庾冰之後六十餘年，桓玄再次要求沙門敬拜王者；經慧遠提出異議後，桓玄接受慧遠意見，同意沙門不拜俗。西元四〇四年，劉裕率北府兵起義追討，桓玄敗逃，在預備進入蜀地時被殺，年三十六。事後，慧遠大師作《沙門不敬王者論》，包含〈在家〉、〈出家〉、〈求宗不順化〉、〈體極不兼應〉、〈形盡神不滅〉五篇。

註九：王謐（西元三六〇至四〇七年），字稚遠，東晉大臣。桓玄掌權時官中書監，後劉裕破桓玄，王謐為揚州刺史，錄尚書事。王謐為王導之孫，在與桓玄討論沙門是否應禮敬王者一事，有過「三難三答」的書信往來。

註一〇：宋孝武帝（西元四三〇至四六四年），即劉駿，字休龍，為宋文帝第三子，南朝宋第五位皇帝。大明二年（西元四五八年）在羌人高闍帶領下，僧人曇標、道方等人參與謀反，未行動前便被發現，宋孝武帝因而下令沙汰，勒令不嚴守戒律者一律還俗，但未真正實施。大明六年（西元四六二年）九月，有司上奏，延續了自東晉以來沙門是否要敬拜王者的討論，提議沙門應禮拜尊長及王者，宋孝武帝遂同意有司的奏章。然而，宋孝武帝壽命短促，詔書在四年之後就廢止了。

註一一：赫連勃勃（西元三八一至四二五年）：鐵弗匈奴部人，為五胡十六國中「胡夏」的建立者，史稱夏武烈帝。義熙三年（西元四〇七年），反叛姚秦自立。赫連勃勃自稱是佛陀轉世，為人中之佛，卻殘暴無道。劉義慶的《宣驗記》記載：「佛佛（即赫連勃勃）虜破冀州，境內道俗，咸被殲戮。凶虐暴亂，殘殺無厭，爰及關中，死者過半，婦女嬰稚，積骸成山。縱其害心以為快樂，仍自言曰：『佛佛是人中之佛，堪受禮拜。』」

註一二：拓跋燾（西元四〇八至四五二年）：即北魏太武帝，廟號世祖。聽從宰相崔浩建議，改信道教寇謙之。太延四年（西元四三八年）下詔「沙門年五十以下者還俗」，接著在太平真君五年（西元四四四年）下令不得私養沙門。《魏書·世祖紀》：「自王公以下至於庶人，有私養沙門、巫覡及金銀工巧之人在其家者，皆遣詣官曹，不得容匿。限今年二月十五日，過期不出，沙門、巫覡死，主人門誅。」到了真君七年（西元四四六年）三月，佛像、佛經皆被焚毀、並不分年齡坑殺沙門。拓跋燾一連串行動史稱「太武法難」，與北周武帝宇文邕、唐武宗李炎、加上後周世宗，皆有嚴禁佛教，鎮壓僧人的舉動，且規模甚大；前三者於歷史上合稱「三武滅佛」，加上後周世宗則稱「三武一宗滅佛」。

註一三：西明寺位於長安城，原為隋朝楊素舊宅，入唐後為魏王李泰居所，唐高宗敕建為西明寺，於顯慶三年（西元六五八年）六月落成。相傳西明寺是仿照印度祇洹精舍之規模建造，結構宏偉。寺成時，詔命道宣律師為上座、神泰為寺主、懷素大師為維那（掌理眾僧進退威儀），玄奘法師亦曾奉敕於此，國內外諸多高僧學者掛錫西明寺者甚多，如懷惲、道世、慧琳、圓測，日本空海、圓載等，入唐時亦曾住於此。

註一四：道宣法師（西元五九六至六六七年），唐代律僧。俗姓錢，字法遍，吳興長城（今浙江省長興）人，一說江蘇潤州丹徒人。曾隨日嚴寺慧頵、大禪定寺智首修學，後在終南山倣掌谷營建白泉寺。道宣曾參與玄奘譯經工作並負責潤飾經文；其嚴守戒品，深好禪那修行。唐高宗顯慶三年（西元六五八年），奉敕擔任西明寺上座；不久後，撰《釋門章服儀》、《釋門歸敬儀》等。乾封二年（西元六六七年）二月，在淨業寺創立戒壇，成為後世建築戒壇之法式，同年十月入寂，謚號「澄照」。道宣最大的貢獻在於律學與佛教史，被視為唐代律宗南山宗開創者，世稱「南山律師」。所著《四分律刪繁補闕行事鈔》、《四分律含注戒本疏》、《四分律刪補隨機羯磨疏》、《四分律拾毗尼義鈔》及《四分比丘尼鈔》被稱為「律學五大部」。

其佛教歷史的相關著作有：《續高僧傳》、《廣弘明集》、《大唐內典錄》、《釋迦方志》、編集《古今佛道論衡》，皆為後世治學的重要參考書籍。

註一五：大慈恩寺為長安城南著名古寺。唐高宗李治任太子時，於唐朝貞觀二十二年（西元六四八年），為報其母慈恩，故於淨覺寺（一說為無漏寺）舊址建造慈恩寺。後奉太宗之旨，於此度僧三百，請五十大德「同奉神居，降臨行道」，並迎請玄奘法師自弘福寺移至大慈恩寺擔任上座，譯經院遂遷於此繼續譯業。唐高宗永徽三年（西元六五二年），朝廷依玄奘法師建議，採取西域之制建大雁塔，玄奘法師更在建造過程中「親負簣畚，擔運磚石」。玄奘法師譯經工作多數於此寺完成。大慈恩寺、大興善寺與薦福寺並稱為唐代長安佛教三大譯場。

註一六：弘福寺位於長安城，地處修德坊西北隅。唐太宗貞觀八年（西元六三四年），為追薦其母太穆太后所建，高僧慧斌為首任住持，智首律師為上座並任僧綱。

貞觀十九年（西元六四五年），玄奘法師從西域歸來，將所帶回的大小乘經律論、佛像及佛舍利等，皆先置於弘福寺，同年三月本寺開辦譯場，玄奘法師譯出《大菩薩藏經》、《佛地經》、《六門陀羅尼經》、《顯揚聖教論》等。貞觀二十二年（西元六四八年），因大慈恩寺建成，玄奘法師及譯經院因而自弘福寺遷至慈恩寺。唐高宗永徽三年（西元六五二年），印度高僧地婆訶羅（意為「日照」）於本寺翻譯《大乘顯識經》、《大乘五蘊論》等。

弘福寺懷仁和尚曾集王羲之書法字，將唐太宗之〈聖教序〉、太子李治所作〈述聖記〉及玄奘法師謝表，刻為〈大唐三藏聖教序〉（全稱為〈釋懷仁集王羲之書大唐三藏聖教序〉），歷時二十多年刻寫完成，石碑現收藏於西安碑林。

註一七：玉華宮即玉華寺，位於玉華山（今陝西省銅川市）。其建於武德七年（西元六二四年），初名仁智宮，後經唐太宗擴建並改名為玉華宮。此處為避暑勝地，原屬帝王行宮，後於唐高宗時後廢宮為寺。唐太宗時，曾召玄奘同往玉華宮避暑，並於此地為玄奘法師翻譯之《瑜伽師地論》作序。顯慶四年（西元六五九年）十月，玄奘由長安慈恩寺移居玉華寺，奉敕翻譯《大般若波羅蜜多經》（《大般若經》），寂照為都維那（寺院中的綱領職事，並掌管威儀），窺基、普光、玄則等皆列其譯場。《大般若經》歷時四年完成，長達二十萬頌。玄奘法師居玉華寺期間，完成佛典十四部、六百八十二卷的巨大翻譯成就。麟德元年（西元六六四年），玄奘圓寂於玉華寺肅成院。其後寺院逐漸衰微，至天寶年間已成廢墟。

註一八：靜邁法師（生卒年不詳），又作靖邁，唐代僧人。梓潼（今四川省綿陽市梓潼縣）人，於簡州福聚寺出家，貞觀年中入京師，為玉華宮寺譯經沙門。《宋高僧傳》記載其人：「少孺矜持，長高志操；特於經論，研核造微；氣性沉厚，不妄交結。」靜邁法師奉敕為太穆太后造弘福寺，並展開譯經工作。後居慈恩寺與其他寺院高僧共同執筆綴文，譯出《本事經》七卷。後與神昉筆受於玉華宮及慈恩寺。著有《古今譯經圖紀》四卷、《般若心經疏》一卷、《佛地經論疏》六卷、《十輪經疏》八卷等。

註一九：《梵網經》，梵名 Brahmajāla-sūtra，全稱為《梵網經盧舍那佛說菩薩心地戒品第十》，又作《梵網經菩薩心地品》、《梵網戒品》。相傳為鳩摩羅什所譯，係說明菩薩修道之階位及應受持之十重四十八輕之戒相。

註二〇：《順正理論》，梵名 Abhidharma-Nyāyānusāra śāstra，全稱為《阿毘達磨順正理論》，又稱《隨實論》、《俱舍雹論》、《正理論》。凡八〇卷，為古印度眾賢尊者造、玄奘法師譯。內容分別為：〈辯本事品〉、〈辯差別品〉、〈辯緣起品〉、〈辯業品〉、〈辯賢聖品〉、〈辯智品〉與〈辯定品〉，共計八品。本論以說一切有部的立場，論破世親編著之《阿毗達摩俱舍論》（《俱舍論》）。

註二一：田衣即袈裟的別稱，出家人所穿的衣裳。在《四分律．卷四十》中，世尊以「中道見有田，善能作事，畦畔齊整」指點阿難，並且問阿難：「汝能為諸比丘作如是衣法不？」後模擬水田的阡陌製作僧衣，故又名「田相衣」、「福田衣」。

註二二：關於神秀離開黃梅後的行蹤，馬克瑞提出的推測是：「為了僧伽的傳統權利，過於強制地陳述了他的疏表，他要麼引起了帝王本人的憤怒，要麼，更有可能的是，引起了與反對佛教法令聯繫最為密切那些官員的那些不滿。結果，他被從京城長安放逐出來，從而在重新返回公眾活動之前，不得不在荊州向他的支持者隱藏一段時間。」

關於神秀再次公開活動：馬克瑞的推論則是：「在他重返公眾生活之時（西元六七六至六七九年），威秀將名字改回神秀，從而避免對於前者（威秀）反對的殘留。因次，《宋高僧傳》將不可能去包括任何關於威秀的傳記，而碑銘則避免了整個的事件從而使用了神秀之名。」

註二三：玉泉寺位於湖北當陽縣玉泉山東南麓，由於玉泉山形如船倒扣，又名覆船山或覆舟山。相傳東漢建安年間，普淨和尚於此結茅為庵，南朝梁大定五年（西元五五九年），梁宣帝敕建為覆船山寺。隋文帝開皇一二年（西元五九二年），敕名「一音寺」，後改為玉泉寺，因此地泉水甘甜美味之故。

隋朝開皇年間，智者大師於玉泉寺宣講《法華玄義》、《摩訶止觀》，玉泉之名更為顯揚，與當時的棲霞、靈岩、天台並稱「天下叢林四絕」。

唐朝儀鳳年間，神秀法師僧籍玉泉，並於寺東度門寺結廬，其圓寂後歸葬玉泉楞伽峰。荷澤宗神會南下參禮惠能前，亦曾在玉泉寺向神秀學習。

玉泉寺至宋代成為禪院，宋真宗明肅皇后予以擴建並改稱「景德禪寺」，有「荊楚叢林之冠」的美譽。宋徽宗崇寧年中，改名為護國寺，遂稱為玉泉護國寺。明朝初年恢復玉泉寺名。玉泉寺歷代高僧往來不絕，懷讓、惠真、承遠、藏山、常鎮、無跡等人亦曾來駐此。

第四章　玉泉弘法，名聲日著

自如禪師滅後，學徒不遠千里，歸我法壇，遂開善誘，隨機弘濟，天下志學，莫不望會。

本想獨自在玉泉山潛心修行的神秀，求道者卻紛至沓來，令玉泉亦成一大道場……

玉泉開法，學來如市

張說在〈大通碑〉中借用了幾個典故來描述神秀在荊州的經歷：

雲從龍，風從虎，大道出，賢人覩（睹）。岐陽之地，就去成都；華陰之山，學來如市，未云多也。後進得以拂三有、超四禪，升堂七十，味道三千，不過是也。

前四句出自《易經．乾卦》，形容神秀如同聖人般受到擁護推戴。其次援用《國語．晉語》：「昔日（周）成王盟諸侯於岐陽」，將周成王在岐陽與天下諸侯會盟確立共主之事，象徵神秀乃佛門領袖。

再來引《後漢書．張楷傳》：「隱居弘農山中，學者隨之，所居成市。」東漢張楷（字公超）擅長道術，相傳能製五里雲霧。他因為不想當官而避居在弘農山，但來訪的人實在太多，多到形成市集，華陰之南甚至出現「公超市」，與神秀的境遇頗為相似。

最後化用孔子有「弟子三千、賢人七十二」之說來形容神秀的門庭，也間接將弘揚佛法教化眾生的神秀類比為孔子。

雖然儀鳳年間（西元六七六至六七九年）神秀就已經名隸玉泉，但他並沒有立刻對外弘法，而是在持續在度門蘭若修頭陀行。正如前所述，慕道者始終絡繹不絕；為了能獲得神秀指點，便圍繞度門蘭若周邊自建草庵，是以詩人宋之問在〈為洛下諸僧請法事迎秀禪師表〉中有：「衣鈸魚頡於草堂，庵廬雁行於邱阜」之語。可以想見，一時之間，一個個草廬就這樣隨著玉泉山曲折延伸，成為荊州的特殊風景。

根據《傳法寶紀》的記載，神秀是在同為弘忍弟子的法如禪師（註一）入滅後（西元六八九年），才正式開法。

法如十九歲出家，二十三歲投入黃梅弘忍門下，隨侍五祖十六年；弘忍大師圓寂後，雲遊至中嶽嵩山弘傳東山法門，後來更成為少林寺法主，聲譽極高。法如禪師於臨終曾囑咐弟子曰後往神秀處依止，如《傳法寶紀》所載：「而今已後，常往荊州玉泉寺秀禪師下諮稟。」如此一來，到玉泉求法的人就更踴躍了。

神秀以八十五歲高齡登堂說法，總是神采奕奕，予人清朗明亮的溫潤感。

眾多僧俗在神秀的教化下，以踏實用功的心態坐禪修行、自我約束，對佛法的信仰也更加堅定。

荊州玉泉從此成為人人嚮往的求法之地。《宋高僧傳》云：「四海緇徒，向風而靡，道譽馨香，普蒙熏灼。」數以千百的參學者來自各地，神秀可說是名揚四海、譽滿天下。

融通天台、弘傳《楞伽》

南宋時期所編撰的《方輿勝覽》裡面曾提到：「浮屠智顗，自天台飛錫來居此山，並於開皇十三年，創建玉泉寺。」智者大師曾在玉泉寺宣講天台教義，與神秀同一時代的弘景（註二），也在此處持修天台止觀。

因此，傳統上認為，玉泉寺是主要宣講天台教義的寺院，也被視為天台宗祖庭之一。神秀在此駐錫，也對天台學說有相互學習融通之處。

智者大師認為心是「語本」、「行本」、「理本」，在《妙法蓮華經玄義》（簡稱《法華玄義》）（註三）中有云：

心是法本者，《釋論》云：「一切世間中，無不從心造。無心無思覺，無思覺無言語，當知心即語本。」

心是行本者，《大集》云：「心行，大行、遍行。心是思數，思數屬行陰。諸行由思心而立，故心為行本。」

心是理本者，若無心，理與誰含？以初心研理，恍恍將悟，稍入相似，則證真實，是為理本。

從引文可知，心是一切存在的根本，世間一切都是由心所生。心推動思想、想法、念頭的產生（「思覺」），有了思想，就會有言說，所以心是言說、語言的根本（「語本」）。

「心行」指的是心能遍行意、觸、受、想、思等。因為心會產生種種思慮，妄念接連不斷，就是「行陰」（五蘊中的「行蘊」），也就是情感、意志的積聚表現，一切事物和現象（即「諸行」）都是由心而起，所以是「行本」。通過「語本」、「行本」而得出「理本」，指心能包容並契悟真理，可以涵蓋、映現萬事萬物的道理。

《法華玄義》也提到：

心是繩墨，若觀心得正語，離邪倒說。觀心正則勉邪行；心無見著，則入正理。事行如繩，理行如墨，彈愛見木，成正法器也。

智者大師認為，「觀心」可以證悟八正道中透顯正法的話語（「正語」），並與佛性真理相印，所以觀心乃是成就正法的寶器。

此外，在《摩訶止觀》（註四）中直接肯定心是覺悟成佛、解脫的根本：「舉要言之，此心即具一切菩薩功德，能成三世無上正覺。」神秀則主張「心者，萬法之根本，一切諸法唯心所生；若能了心，則萬法具備」、「心即是眾善之源，心為萬德之主；涅槃常樂，由真心生，三界輪迴亦從心起。心是出世之門戶，心是解脫之關津」。

綜上所見，從許多文獻對照可以看出，兩位大師對於「心」以及「觀心」的看法是相通的。

雖說對其他宗派的佛學思想多有吸收，但神秀在玉泉弘揚並光大的，仍然是東山法門。

神秀說法，是以《楞伽經》作為要旨，如〈大通碑〉云：

其開法大略，則專念以息想，極力以攝心。其入也，品均凡聖；其到也，行無前後。趣定之前，萬緣盡閉；發慧之後，一切皆如。持奉《楞伽》，遞為心要，過此以往未之或知。

從引文可知，神秀主張通過坐禪專注心念、息滅妄想，極力收攝心念，使意識不攀緣外境，不生起妄念，合於《大乘起信論》中認為心是虛妄的看法：「唯心虛妄，以心生則種種法生，心滅則種種法滅故。」而在開始入門學佛的基礎上，凡夫與聖者（上根的人）都是一樣的，沒有等級上的差異，到達實相的境界也沒有先後的區分。把凡聖、前後等差別屏除，通過修行來達到與真如相契合。

在修行方法的操作上，神秀重視修行者訂定明確的方向；如果修行方向不明確，任何方法都如閉鎖一般，對修行者不能產生正面的影響。進而在次第上，則依序由定發慧，藉由禪定的鍛鍊將智慧逐漸開發出來，所以說「趣定之前，萬緣盡閉；發慧之後，一切皆如」。

由此可知，神秀把握並繼承東山法門重視《楞伽經》的傳統，並以此作為心性修行的法要。

武后執政，尊崇佛教

時序走到武則天革唐為「周」的新紀元，佛教也迎來空前的發展。

在史書與民間野史皆提到，武則天為了強化其以女性稱帝的合理性，利用《大雲經》（註五）、《寶雨經》（註六）中「女身菩薩為王」的說法為繼位找依據。

武則天之稱帝，自是可受公評；然而，她對佛教卻相當重視。不僅表現在令各州設立各大雲寺、建造佛像、支持譯經等方面，更於登基第二年下令以佛為尊，位列於道教之前，如《舊唐書》云：「天授二年（西元六九一年）……四月，令釋教（佛教）在道法（道教）之上，僧、尼處道士、女冠之前。」佛教於此時期為鼎盛階段，信仰者不計其數。

許多高僧都是武則天禮遇請益的對象，包含翻譯《華嚴經》八十卷本的實叉難陀（註七）、譯經家義淨（註八）、華嚴宗的法藏（註九）、南天竺僧菩提流志（註一〇），以及禪宗的神秀、老安（註一一）、玄賾等人；其中，隆禮程度最為盛者，正是神秀大師。

根據〈嵩山會善寺故大德道安禪師碑銘〉碑文的記載，神秀進京的機緣，是來自老安禪師推薦：「禪師（指老安）順退避位，推美於玉泉大通（神秀）。」《景德傳燈錄》則說，老安先是拒絕唐高宗的徵召，後來與神秀一同入武則天輦下：「（武則天）待以師禮，與秀（神秀）禪師同加欽重。」

雖然典籍記載不盡相同，但在各史料中卻時常見到弘忍弟子之間彼此欣賞的默契。例如，法如示寂前吩咐弟子到玉泉參禮、老安推美神秀。惠能著名法脈南嶽懷讓（註一二），正是聽了老安的建議而投入惠能門下：「初謁嵩山安國師（即老安），安發之曹溪參叩。」神秀本身更多次向皇室舉薦惠能，並叮囑門徒前往參學。如《壇經．頓漸品》云：

他（惠能）得無師之智，深悟上乘，吾不如也。……吾（神秀）恨不能遠去親近，虛受國恩。汝等諸人毋滯於此，可往曹溪參決。

由此可見神秀對惠能的推崇；也可藉此理解，八萬四千法門，無有一法不是佛法，每個人因為根器不同，適合修行的法門也相異；即令有漸修與頓悟之別，其實並無優劣之分。是以神秀、惠能門下各有成就，雖然彼此禪法觀點不同，思想上仍有相互學習之處。

趺坐覲君，肩輿上殿

耄耋高僧名滿天下，佛教的興盛本就是利國利民的好事。是以，久視元年（西元七〇〇年），武則天特派使者迎請神秀。

為表鄭重其事，時任尚方監丞、左奉宸內供奉的文臣宋之問，撰寫〈為洛下諸僧請法事迎秀禪師表〉，文中描述神秀大師「開室岩居，年過九十，形彩日茂，宏益愈深」，在僧眾間擁有很高的威望和影響；於是，宋之問建議朝廷舉辦法事以迎：「焚香以遵法王，散花而入道場。」神秀入城後，武則天果然安排盛大而隆重的迎請儀式。

神秀大約是在隔年入京，一行人花了將近二十多天才到達。洛陽百姓早已聽說有高僧要來傳法，紛紛夾道歡迎，人山人海擠得水泄不通。當神秀的轎子靠近宮門時，只見跪著黑壓壓一片的文武百官，武則天更稽首恭迎。依據〈大通碑〉記載：

> 趺坐覲君，肩輿上殿；
> 屈萬乘而稽首，灑九重而宴居。

由此可看出當時的盛況。此外，依規定，除了皇帝本人，其餘任何人都不可以直接乘轎上殿；但武則天要轎夫們以肩抬行，讓神秀坐在箱形轎中不必停留。只見神秀盤腿打坐於其中，眉目低垂法相莊嚴。當肩輿被扛上了殿，武則天即刻匍匐跪拜，屈膝親迎。

這一年（西元七〇一年），女皇已經年近八十歲了（其生於西元六二四年，卒於七〇五年）。面對武則天的虔誠崇敬，神秀內心平穩安定不為所動；因為，大師清楚地知道，不論是女皇或眾人，大家真正跪迎的，是佛教、是自己一顆本自具足的佛性，而不是神秀本人。

回顧唐高宗年間威秀、道宣等人在長安為「沙門不拜俗」護法奔走，到武則天不計君臣之別、向神秀行跪拜之禮，張說給出了最好的詮釋，於〈大通碑〉云：「傳聖道者不北面，有盛德者無臣禮。」

武則天將神秀安排在宮內偏殿，以方便聆聽說法。女皇往來洛陽、長安二京時，經常請神秀隨駕，時時請益，躬為帝師。

【註釋】

註一：法如禪師（西元六三八至六八九年），唐代僧人，俗姓王，上黨（今山西省長治市）人；上黨縣於唐高祖武德元年屬河東道潞州，故以稱之為「潞州法如」。

幼年於陽澧（今湖南省常德市澧縣）師事當時號稱「玄解第一」的青布明。十九歲正式出家，「博窮經論，游方求道」，後來在青布明指點下前往東山寺參禮弘忍，從此隨侍長達十六年，直到弘忍圓寂後方離開黃梅。

五祖入滅後，法如各地遊歷，後至嵩山。因其個性謙沖，「居少林寺，處眾三年，人不知其量」。垂拱二年（西元六八六年），四海標領僧眾集合在少林寺，恭請法如開法，公推為領袖。

永昌元年（西元六八九年）法如示寂。後人撰有〈唐中岳沙門釋法如禪師行狀〉（簡稱〈法如行狀〉），碑文提出傳承之說：

南天竺三藏法師菩提達摩，紹隆此宗……入魏傳可，可傳粲，粲傳信，信傳忍，忍傳如。當傳之不可言者，非曰其人，孰能傳哉。

此說自祖師至五祖被公認為禪宗傳承系譜；依此碑文看來，法如似是經弘忍認可的六祖。

後世關於弘忍傳人之爭雖圍繞神秀、惠能進行，但如《傳法寶紀》、〈法如行狀〉、〈嵩岳少林寺碑〉等許多文獻的記載，皆以法如為弘忍的傳人。由此亦可看出，歷史文獻與民間流傳的說法之別。

註二：弘景（西元六三四至七一二年），或作恆景、宏景（因宋人避太祖父親趙弘殷名諱而改之），唐代僧人，俗姓文，荊州當陽人（今湖北省宜昌市轄下當陽縣）。

貞觀二十二年（西元六四八年），年十五，奉敕剃度，初從文綱受律學，後入玉泉寺學習天台止觀法門，並在寺之南十里處建龍興寺。於唐中宗年間受詔三度入宮，為受戒師。景龍三年（西元六〇九年）奏請歸山，帝允其請，並在道場為其設齋。先天元年（西元七一二年）示寂，世壽七十九。

弘景撰有《順了義論》二卷、《攝正法論》七卷、《佛性論》二卷等，並曾與實叉難陀等人共譯《華嚴經》八十卷。

註三：《妙法蓮華經玄義》，又稱《法華經玄義》、《法華玄義》、《玄義》、《妙玄》，內容凡二十卷。為智者大師講述，弟子灌頂筆記，與《法華文句》及《摩訶止觀》合稱為「法華三大部」，又稱「天台三大部」。本書詳說《法華經》幽玄之義趣，闡明《法華經》開顯法門的純圓獨妙，內容分「七番共解」、「五重各說」二部分。即以「五重玄義」（〈釋名〉、〈辨體〉、〈明宗〉、〈論用〉、〈判教〉）為骨幹，分通、別二門以釋之。「通釋」乃設「七番共解」，七番即〈標章〉、〈引證〉、〈生起〉、〈開合〉、〈料簡〉、〈觀心〉、〈會異〉等七科，以通解一部經之大綱；「別釋」乃就前述五重玄義一一詳說之，稱為五重各說。

註四：《摩訶止觀》，又稱《天台摩訶止觀》、略稱《止觀》，內容凡十卷（或分上下作二十卷），為智者大師講述，弟子灌頂筆記。《止觀》中詳說圓頓止觀之法，將具體實踐法分成總論略說（「五略」）與別論廣說（「十廣」），詳加解說。

五略為：「發大心」、「修大行」、「感大果」、「裂大綱」、「歸大處」

等五段；十廣則指：「大意」、「釋名」、「體相」、「攝法」、「偏圓」、「方便」、「正觀」、「果報」、「起教」、「旨歸」等十章。二者並稱「五略十廣」。

註五：《大雲經》，梵名 Mahāmegha-sūtra，又作《大方等無相大雲經》、《方等無相大雲經》、《方等大雲經》、《大雲無相經》、《大雲密藏經》。略稱為《無相經》、《大雲經》。凡三十七品，內容敘述佛依大雲菩薩之請問，開示通達陀羅尼門、大海三昧、諸佛實語、如來常住、如來寶藏等之修行。

關於《大雲經》的譯者，《出三藏記集．卷二》載為曇無讖，隋代《法經錄．卷一》、《彥琮錄．卷一》則載為前秦竺佛念。《歷代三寶紀．卷八》說竺佛念譯出《大方等無相經》五卷，同書卷九則說曇無讖譯出

《方等大雲經》六卷。《開元釋教錄・卷十一》則說曇無讖譯為第二譯本，初譯本為缺本。

敦煌考古發現有《大雲無想經・卷九》，其文不載於今六卷經中，而專說陀羅尼門。又，本經之別生經極多，如《大雲密藏菩薩問大海三昧經》一卷、《人弘法經》一卷、《善德婆羅門求舍利經》一卷、《善德婆羅門問提婆達經》一卷、《大雲密藏菩薩請雨經》一卷、《四百三昧名經》一卷等。

本經歷來有偽造、重譯二說。若以曇無讖譯經始於玄始十年（西元四二一年），其義和三年（西元四三三年）卒，本經翻譯時間約為西元四二一至四三三年之間，早於武則天登基二百六十餘年。採《大雲經》為偽造之說者，係認為本經乃為武則天為鞏固其稱帝之正當性而造。《舊唐書・則天皇后本紀》：「有沙門十人偽撰《大雲經》，表上之，盛言神皇受命之事。」《舊唐書．薛懷義傳》：「懷義與法明等造《大雲經》，陳符命，言則天是彌勒下生，作閻浮提主。唐氏合微，故則天革命稱周，其偽《大雲經》頒於天下，寺各藏一本，令升高坐講說。」

註六：《寶雨經》，梵名 Ratnamegha-sūtra，全名《佛說寶雨經》，又稱《顯授不退轉菩薩記》，唐代南天竺僧人菩提流志於長壽二年（西元六九三年）譯，凡十卷。經中謂佛於伽耶山大放光明，遍照十方一切世界，授記東方月光天子，將為支那國女主，正法治化，乃至彌勒成佛時，復予授記。復有東方蓮花世界名「止一切蓋菩薩」前來禮拜，為利益、安樂、哀愍一切有情，向佛提問一百零一事，佛逐一具以十法回答。答畢，世界六種震動，無情有情，同與供養十方諸佛，放眉間光，入如來頂，長異譯本有南朝梁曼陀羅仙譯《寶雲經》七卷、曼陀羅仙與僧伽婆羅共譯《大乘寶雲經》七卷，三種譯本皆為歷代大藏經所收錄。

壽天女，得記流通。

註七：實叉難陀（西元六五二至七一〇年），梵名 Sikṣānanda，又作「施乞叉難陀」（意為「學喜」），唐代僧人，于闐國（今新疆省維吾爾自治區）人。其精通大小二乘，旁通異學。武則天聽聞于闐有完備的梵本《華嚴經》，遂遣使求訪於于闐。證聖元年（西元六九五年），實叉難陀以此因緣來華，居於內廷大遍空寺，主持《華嚴經》翻譯，於聖曆二年（西元六九九年）完成，共計八十卷。後於久視元年（西元七〇〇年）重譯《大乘入楞伽經》七卷，至長安四年（西元七〇五年）釐定。實叉難陀所譯之《華嚴》與《楞伽》深受武則天重視，並親制序文弘揚，二經皆為公認要典。

長安四年（西元七〇五年）歸國；經唐中宗再三迎請，於景龍二年（西元七〇八年）再度來華，住大薦福寺。睿宗景雲元年（西元七一〇年）卒，相傳火化後其舌不壞。門人悲智等送其靈骨及舌護歸原籍，起塔供養。後人在長安於實叉難陀焚化處建七重塔，號稱華嚴三藏塔。

據《開元釋教錄》記載，實叉難陀譯經計十九部、一〇七卷，除《華嚴》、《楞伽》外，另有華嚴部之《入如來智德不思議經》、《如來不思議境界經》、《普賢菩薩所說經》各一卷，寶積部之《文殊師利授記經》三卷，大乘律部《十善業道經》一卷，祕密部《觀世音菩薩祕密藏神咒經》等陀羅尼經四種、四卷；另有《右繞佛塔功德經》和《大乘四法經》各一卷。

註八：義淨（西元六三五至七一三年），唐代僧人，俗姓張，字文明，河北涿縣（今河北省涿州市）人，一說齊州（今山東省歷城縣）人。其幼年出家，十五歲即仰慕玄奘、法顯西遊之行，二十歲受具足戒。咸亨五年（西元六七一年），義淨從廣州經由海路，經室利弗逝至天竺，巡禮各佛教聖蹟；後住那爛陀寺，又至蘇門答臘遊學，二十五年間遊歷三十多個國家。嗣聖元年（西元六八四年）還，武則天親自迎接，攜梵本經論約四百部、舍利三百粒至洛陽。

義淨回國後，參與實叉難陀《華嚴經》之新譯，以及戒律、唯識、密教等典籍之漢譯。從聖曆二年（西元六九九年）至景雲二年（西元七一一年），歷時十二年，譯出五十六部、共二三〇卷之佛經，其中以律部典籍居多。

義淨另撰有《南海寄歸內法傳》四卷，書中詳細介紹印度及南亞諸國之佛教儀軌四十條；另有《大唐西域求法高僧傳》二卷，記述西元六四一年到六九一年間來自大唐、新羅、睹貨羅（約於今阿富汗北部）、康居國（中亞古國）、吐蕃之法師前往印度、南海一帶訪問的事跡。此外，義淨首傳印度拼音之法，編有《梵語千字文》，為中國第一部梵文字典。後人將義淨、鳩摩羅什、玄奘、真諦等並稱為「四大譯經家」。

註九：法藏（西元六四三至七一二年），唐代僧人，為華嚴三祖，上承初祖法順（杜順、帝心法師）、二祖智儼（雲華法師）。俗姓康，祖先為康居國人，後遷至中土，居於長安。十七歲入太白山學佛，後至雲華寺師事智儼，聽講《華嚴》，深入玄旨，受師讚賞。智儼示寂後，乃依薄塵剃度，時年二十八。先後於太原寺、雲華寺講授《華嚴經》，武則天命京城十大德為授具足戒，並賜名「賢首」，人稱賢首國師、賢首法藏。

法藏能通西域諸國語言及梵文經書，故奉命參與義淨之譯場，先後與地婆訶羅、提雲般若、實叉難陀、菩提流志等高僧共譯事，譯出《華嚴經》、《大乘入楞伽經》等十餘部，對《華嚴經》翻譯貢獻最大。並曾為武則天講華嚴「十玄緣起」之深意，亦即在華嚴二祖智儼提出的「十玄門」基礎上重新解釋與整理，以宮殿的金獅子為比喻，後撰成《金獅子章》。

法藏一生宣講《華嚴經》三十多次，仿天台判教模式，將佛教思想分成「五教十宗」，並將《華嚴經》判為最高，是華嚴經體系實際建立者。「五教」是依經論判定教法的深淺，依序為：一「小乘教」（四《阿含經》與阿毗達摩論典）、二「大乘始教」（《解深密經》、《大般若經》、《中論》等）、三「大乘終教」（《楞伽經》、《勝鬘夫人經》、《大乘起信論》等）、四「頓教」（《維摩詰經》、《思益經》等）、五「圓教」（《華嚴經》）。另設「十宗」，是將教法內容進行細分，分別為「我法俱有宗」、「法有我無宗」、「法無去來宗」、「現通假實宗」、「俗妄真實宗」、「諸法但名宗」、「一切皆空宗」、「真德不空宗」、「相想俱絕宗」、「圓明具德宗」，前六者為小乘教，後四者為大乘教。

法藏著作甚多，有《華嚴經探玄記》二十卷、《華嚴料簡》、《華嚴五教章》、《大乘密教經疏》四卷、《梵網經疏》、《大乘起信論疏》、《華嚴綱目》、《華嚴玄義章》等二十餘部。主要弟子有澄觀、宏觀、文超、智光、宗一、慧苑等。

註一〇：菩提流志（西元五六二至七二七年），梵名 Bodhiruci，為唐代譯經名家。初名達摩流支（梵名 Dharmaruci），後武則天改為菩提流志（意為「覺愛」）。為南天竺婆羅門，姓迦葉，十二歲出家，師事婆羅奢羅外道，通曉聲明、數論、術數，亦通地理、天文、咒術醫方等。年六十年，遇大乘上座部三藏耶舍瞿沙，始悟佛教妙義；不及五年，便通達三藏教典，名聞遐邇。永淳二年（西元六八三年），唐高宗遣使迎接，後於長壽二年（西元六九三年）來京，深受武則天禮遇，敕住洛陽佛授記寺，同年譯出《文殊師利所說不思議佛境界經》、《寶雨經》等十一部經。後實叉難陀來華，其遂與義淨一同協助翻譯《華嚴經》。神龍二年（西元七〇六年）移至長安崇福寺，翻譯《廣大寶樓閣善住祕密陀羅尼經》，又繼玄奘之遺業編譯《大寶積經》，新譯二十六會、三十九卷，新舊合計四十九會、一二〇卷。後辭譯業專事禪觀。開元十年（西元七二二年）入住洛陽長壽寺，於開元十五年（西元七二七年）示寂，相傳世壽一六六歲（另一說為一五六歲），朝廷追贈「鴻臚大卿」，謚號「開元一切遍知三藏」。

註一一：老安，又稱道安、慧安。荊州枝江人，俗姓衛。傳說其生於隋文帝開皇元年（西元五八一年），年壽約近一百三十歲。隋文帝期間遁入山谷私度（未經政府官許，私下剃度為僧），隋煬帝大業年間開通運河，勞役和沉重賦稅造成人民苦不堪言，饑殍相枕。老安四處化緣，乞食相救。後至南嶽衡山，行頭陀行。唐朝貞觀年間，至黃梅拜見五祖弘忍，遂得心印；由於年紀比師尊弘忍大很多，所以稱「老安」。後遍歷名川，至嵩山少林寺，說：「是吾終焉之地。」此後求道參學者絡繹不絕。《宋高僧傳》記載，神龍二年，朝廷賜紫衣摩納，迎請入宮，三年後辭歸。

註一二：懷讓（西元六七七至七四四年），唐代僧人，俗姓杜，金州安康（今陝西省安康市）人，十五歲於荊州玉泉寺弘景律師座下出家；然而，出家學律令懷讓覺得這並非是「無為法」。後師老安禪師，並在其指點下參禮惠能，侍奉六祖長達十五年。

懷讓大力弘揚惠能的頓悟法門，強調心即是佛、以無念無宗。其修行方法簡便，宗旨為「淨心、自悟」，所以廣為流傳，信徒眾多。當年惠能曾說：「汝足下出一馬駒，踏殺天下人」，正是指懷讓弟子馬祖道一。

依《景德傳燈錄》記載，懷讓以「磨磚成鏡」為喻，啟發了馬祖道一。道一和尚常習坐禪，未能悟道。南嶽懷讓禪師問他：「大德坐禪圖什麼？」道一回答說：「圖作佛。」懷讓即取一磚在他庵前石上磨。道一問：「磨磚做什麼？」懷讓回答：「磨作鏡」。道一大感疑惑：「磨磚豈得成鏡？」懷讓反問：「磨磚既不成鏡，坐禪豈得成佛？」接著懷讓開導道一：「如牛駕車，車若不行，是要打車還是打牛？你是學坐禪，還是學作佛？若學坐禪，禪非坐臥；若學作佛，佛非定相。於無住法，不應取捨。」

從這段饒富趣味的接引過程可看出，懷讓告訴道一，不應該執著於身體上的打坐，進而啟發道一向內參究心地法門。

因其在南嶽衡山般若寺弘法，故後人稱其為「南嶽懷讓」，開創了南嶽一系。

第五章　兩京法主，三帝國師

時王公以下及京都士庶，聞風爭來謁見，望塵拜伏，日以萬數。

神秀進京後住在內道場受供養，在武則天的邀請下，也時常隨駕往來長安、洛陽。五年多奔走兩京，為弘揚大法而努力不懈。

稟承東山法門

某日，武則天又來向神秀請益。行過禮後，她向大師問道：「敢問師父弘傳的法門，是哪家的宗旨呢？」神秀答曰：「我所稟持的是黃梅東山法門。」則天皇帝接著又問：「您說法主要依據哪些經典呢？」神秀說：「我是依照《文殊說般若經》中『一行三昧』的禪法。」東山法門在當時早已名滿天下，聽到神秀的稟承，武則天讚賞地說：「若論修道，更不過東山法門。」

這段對話出自《楞伽師資記》，淨覺給出了「以秀是忍門人，便成口實也」的評論，認為神秀所傳禪法的依據，是出自弘忍之下的東山法門。

《文殊說般若經》的全稱為《文殊師利所說摩訶般若波羅蜜經》（註一），是南朝梁曼陀羅仙（註二）所翻譯。事實上，在記載道信禪法的《入道安心要方便法門》（註三）中，也說道信禪法的依據為《楞伽經》及《文殊說般若經》：

> 我此法要，依《楞伽經》「諸佛心第一」；又依《文殊說般若經》「一行三昧」，即念佛心是佛，妄念是凡夫。
>
> 《文殊說般若經》云：「文殊師利言：『世尊，云何名一行三昧？』佛言：『法界一相，繫緣諸法，是名一行三昧。若善男子、善女人，欲入一行三昧，當先聞般若波羅蜜，如說修學，然後能入一行三昧。如法界緣，不退不壞，

不思議，無礙無相。善男子、善女人，欲入一行三昧，應處空閑，捨諸亂意，不取相貌，繫心一佛，專稱名字。隨佛方所，端身正向，能於一佛念念相續，即是念中，能見過去、未來、現在諸佛。何以故？念一佛功德無量無邊，亦與無量諸佛功德無二，不思議佛法等無分別，皆乘一如，成最正覺，悉具無量功德、無量辯才。如是入一行三昧者，盡知恆沙諸佛法界，無差別相。』」

夫身心方寸，舉足下足，常在道場；施為舉動，皆是菩提。

道信的引文與《文殊說般若經》原經文相同。所謂「一行三昧」，也稱做「一相三昧」，亦即在禪定時維持心專於一、安住於一處的等持境界。依上所示，持修一行三昧的方法，要先理解般若思想，體悟諸法實相，心境應處於空曠僻靜的狀態（「應處空閑」），端身正向、捨去雜念，進而靜心入定。觀想的內容，是佛與佛法的意義，而不是佛陀的形象外貌或文字的表象；進而專心念佛的名號，使此心念相續不斷，可以映現出過去、現在、未來時空中的諸佛。

在此過程中，得知一切諸佛皆是同一相，在不同時空中皆是平等、沒有障礙、沒有差別的形相。

通過修持一行三昧，就是成佛的入口；只要當下開始，就已經進入了成佛的開端，當下就是學佛的場所。道信認為，念佛、念心、念實相的意義如果能串聯起來，便都是學佛的不同表現而已。

神秀的念佛法門亦不執於相，如傳授北宗禪法修行次第之著作的《大乘無生方便門》記載：

問：「佛子！心湛然不動是沒？」言：「淨。」「佛子！諸佛如來有入道大方便，一念淨心，頓超佛地。」和尚擊木，一時念佛。和尚言：「一切相總不得取相。所以《金剛經》云：『凡所有相，皆是虛妄。』」

引文中用問答的方式彷彿再現當時傳授禪法的實況。「佛子」指弟子、僧眾，包含來聆聽說法受禪的大眾。神秀先提出主題：「心湛然不動是什麼意思呢？」，並給出答案，就是要「淨心」，使心保持清淨，才能朗照萬物。把握「淨」這個要訣來念佛，從淨心來用功，就能「一念淨心，頓超佛地」，也就是〈大通碑〉說的「一念而頓受佛身」。如果心能夠真正清淨，則不論當下處於什麼情境，當能如同置身於佛陀淨土一般。

接著神秀敲擊木頭，帶領大家一起稱念佛號，並引《金剛經》的經文，提醒眾人在看到世間萬物的任何樣貌時，都不可執著於萬物的外相，認為外相就是真實的。這些感官知覺到的對象，都是虛妄不實的。這即是道信所說的「不取相貌，繫心一佛」，也是《金剛經》所說的「凡所有相，皆是虛妄」的意思。

如同《傳法寶紀》載曰：「及忍（弘忍）、如（法如）、大通（神秀）之世，則法門大啟，根機不擇，齊速念佛名，令淨心。」亦即道信提倡的念佛法門，受到弘忍及弟子法如、神秀等人的繼承，並依此來引導接化。

攝「念佛」於觀心

有人問神秀：「如果有志於求佛道，應當要修習哪一種禪法，才是最為省要的呢？」神秀認為「觀心」可以包括一切修行，也是最簡單易行的法門。於記載神秀思想的《觀心論》中有云：

唯觀心一法，總攝諸行，最為省要。

心者，萬法之根本也。一切諸法，唯心所生；若能了心，則萬行俱備。

神秀認為，「心」是一切行為的根本，統攝一切萬法；通過坐禪來觀心，達至「了悟」之境界，接著悟後起修、正確修行，就可以說是萬事俱備了。在《景德傳燈錄》中載有神秀的〈示眾偈〉，傳達出同樣的旨趣：

一切佛法，自心本有；

將心外求，捨父逃走。

「捨父」一語源自「法華七喻」（註四）中的窮子喻（註五），說明一切佛法都是本心具足，若是「心」總是攀緣外境、向外求取，就如同捨棄富裕的父親（比喻本有的佛性）而逃走，如此這般在心外求取佛道，是不可能的。

在《觀心論》中，神秀並把念佛法門歸結到觀心：

夫念佛者，當須正念。了義為正，不了義即為邪。正念必得往生淨國，邪念云何達彼？佛者，覺也。所謂覺察心源，勿令起惡。念者，憶也。所謂憶持戒行，不忘精懃（勤），了如是義，名為正念。故知念在於心，不在於言。……既稱念佛，云名須行念佛之體；若心無實，口誦空言，徒念虛空，有何成益？且如誦之與念，名義懸殊，在口曰誦，在心曰念。故知念從心起，名為覺行之門；誦在口中，即是音聲之相；執相求福，終無是處。

神秀認為，念佛的人必須具足正念，徹底、真實地理解佛心及清淨自性的意義，即是正確的念頭；不徹底、真實地理解佛心或自性的意義，只執著於表象，這是偏頗的邪念。用正念來念佛，必定能往生佛國；以邪見來念佛，怎麼能夠達到解脫的彼岸呢？

神秀進一步解釋，所謂「佛」，就是覺察心的源頭，不要讓心起惡念；而「念」則是憶持戒行，努力精進不懈怠。在神秀的念佛法門，有口頭稱誦的形式（如前段所引《大乘無生方便門》）：「和尚擊木，一時念佛」，但並不執著於用口念誦，而是要覺察心的根源、源頭，也就是不斷相續的「心念」，所以說「念在於心，不在於言」：並不是口頭上念出佛號就是真正的念佛，還要看心中是如何觀想、理解佛的意義。

神秀並將「念」與「誦」予以區別。返歸自心念佛，就是覺行圓滿的法門；而那些在口頭上唱誦佛號的，只能算是聲音之相的誦讀；執著在聲音相而想獲取福報，是不可能得到的。

簡言之，神秀順著「觀心」來把握念佛的真義，認為一切都要向內心推求。

不論是北方神秀引領的漸修，或是南方惠能提倡的頓悟，當時的南北教化都十分興盛，其門下各有成就，亦有相互學習之處。在《壇經》中，多處能見到神秀對惠能的推崇，例如神秀曾說：「他（惠能）得無師之智，深悟上乘，吾不如也。」

神秀更不止一次奏請皇室延攬惠能入京。根據《宋高僧傳．神秀傳》記載：

（神秀）嘗奏天后請追能（惠能）赴都，能懇而固辭。秀（神秀）又自作尺牘，序帝意徵之，終不能起，謂使者曰：「吾形不揚，北土之人見斯（惠能）短陋，或不重法。又先師（弘忍）記吾以嶺南有緣，且不可違也。」了不度大庾嶺而終。

神秀上奏武則天，請皇帝下詔讓惠能進京，卻被惠能婉拒了；神秀並不放棄，繼續寫信力勸，最終還是無法說動師弟。惠能告訴使者，自己其貌不揚，擔心北方的人要是見到如此身形短小的禪師，會因此對佛法產生輕慢之心，這樣就不好了。此外，惠能還提到，師父弘忍曾囑咐他應當向南傳法，師命不可違。《壇經》則說惠能稱病辭退不受召：「上表辭疾，願終林麓。」由此可知，六祖惠能終其一生，並未進京。

惠能婉辭入京，神秀便深受皇室倚重。神秀講述佛法時，帝王與之並坐，后妃、宮人臨席受教，眾人對大師極致推崇；圍繞大師學習的，還有百官及高僧。

《傳法寶紀》記載：「授戒宮女，四會歸仰，有如父母。」〈大通碑〉也說：「每帝王分座，后妃鄰席，鵷鷺四匝，龍象三繞。」「鵷鷺」用以形容百官大臣排列有序，「龍象」則比喻有修為的高僧大德，許多人都成為神秀的受戒弟子。

如《舊唐書》記載，時任中書舍人（後為燕國公）的張說（音通「悅」），於三十七歲（長安三年，即西元七〇三年），向神秀大師問法，並從此執弟子禮，自稱「棲志禪門」。神秀圓寂後，張說撰寫的〈唐玉泉寺大通禪師碑銘〉，記載大師生平及思想，是重要的參考文獻。

當時求道的空前盛況，達到日以萬計的程度，依《舊唐書》所言：「時王公以下及京都士庶，聞風爭來謁見，望塵拜伏，日以萬數。」

帝師傳說

神秀在傳法的過程中以坐禪觀心為務，不以神通度人為主；但是，據載，他對於許多未發生之事卻有所預言，事情的結果也能予以印證，《宋高僧傳》便說他：「於懸記未然之事，合同符契。」在宋代李昉編著的《太平廣記》中，也收錄了幾則和神秀有關的預言事蹟——

神秀在長安期間，曾在資聖寺駐錫。有一天，他特地告訴寺院的小沙彌：「天乾物燥，小心火燭，把燈燭都熄滅掉吧！」小沙彌巡視了大殿、走廊和寮房，把燭火一一熄滅後，只留下長明燈。長明燈又叫做無盡燈，主要供奉在佛像前，晝夜不滅。

神秀卻說：「所有燈都滅了吧！火災的發生難以預測，不能不有所防備呀！我曾經聽說，有寺院沒有事先預防火燭，佛殿因而被焚；也有寺院鐘樓遭受祝融之禍，更有佛寺的藏經閣因為火災被毀，真令人感到非常痛惜！」

眾僧不解師父何出此言。沒想到，當天夜裡資聖寺就發生了大火，佛殿、鐘樓、經藏三所被毀，一如神秀預言。

另有一則預言也同樣發生在資聖寺。李隆基（即後來的唐玄宗）年少時在資聖寺向神秀請教佛法，並贈笛一管。李隆基離開後，神秀馬上召告弟子：「你們慎重保存這管笛子，日後有需要的時候，就把它獻給主上。」門人不懂其意，直到唐玄宗登基後，弟子們總算明白師父當初話中之意，於是取笛進獻。

此外，還有一則跟神秀有關的「無字碑」傳說。

由諸多史料中能看出神秀與君王關係密切；即便在政權更替之間，也沒有受到影響。

神龍元年（西元七〇五年）正月，宰相張柬之、侍郎崔玄暐、左羽林將軍敬仲曄、右羽林將軍桓彥範及司刑少卿袁恕己等人，率禁軍五百多人發動兵變，史稱「神龍政變」，武則天被迫下詔內禪，唐中宗李顯復位。新皇上任後，對神秀更加崇敬，《舊唐書》載曰：「中宗即位，尤加推崇。」

其實，武則天早有「還位於唐」的想法。在選立儲君時，曾考慮過侄兒武三思、武承嗣；在宰相狄仁傑的建議下，最終還是召回時為廬陵王的李顯，立為皇太子。政變前一年，也就是長安四年（西元七〇四年）十二月，耄耋之年

（七十至九十歲）的一代女皇已病篤避居迎仙宮；政變後，武則天又搬到了上陽宮。在門庭冷落、人人唯恐避之不及時，只有神秀大師依然如昔，前往探望並為之宣說佛法。

神龍元年年底，武則天病逝於上陽宮仙居殿，享年八十一歲。遺制稱其為「則天大聖皇后」，去其帝號，與唐高宗合葬於乾陵。在乾陵東側立有一塊無字碑，《雍州金石記》載曰：「碑側鐫龍鳳形，其面及陰俱無字。」

關於無字碑的由來，眾說紛紜。一說為唐中宗所立；因為大臣們對武則天之稱謂意見分歧，導致中宗猶豫不決，遂無文字。另一說法是武則天臨終前要求中宗為己而立。也有一說為石碑立於武則天生前，先建無字石碑，女皇請神秀在自己崩逝後用意念書寫。

無字碑的來歷遂成為歷史謎團；相關討論雖多，但莫衷一是。

未能歸山，天宮寺圓寂

從隋末離亂年少出家，到中年入黃梅求道、老年進京開法。一生走過大山大水、遍見無數苦難的神秀老禪師，已經高壽一百。雖然受到舉國敬仰，內心卻對山林故土心存思念，多次請求歸山。《傳法寶紀》載：「孝和（指唐中宗）累求，還出，主上固請，既不遂歸事。」為了能讓神秀打消離宮的念頭，唐中宗還特地頒布詔書，《楞伽師資記》載曰：

敕：「禪師跡遠俗塵，神遊物外，契無相之妙理，化有結之迷途。定水內澄，戒珠外徹（澈）。弟子歸心釋教，載佇津梁，冀啟法門，思逢道首。禪師昨欲歸本州者，不須；幸副翹仰之懷，勿滯枌榆之戀。」遣書示意，指不多云。

唐中宗先是讚譽神秀禪師超塵出俗，深契無相真如的妙理，度化癡迷的眾生，斬斷生死果報的結縛；接著，稱許神秀的坐禪法門能讓心地澄淨，並透現出清淨的自性，所持的戒律如同白珠般清澈澄明。更進一步表示自己（中宗亦為神秀弟子）誠心歸附於佛教，希冀大師開解「津梁」（即接引之意），繼續開啟法門，並考慮到身為佛門領袖的責任，懇請神秀不要再有還鄉之想。

在皇帝再三慰留下，老國師接受了皇室的禮遇，繼續留在京師，直到終老。倏忽六載，彷若昨日，轉瞬就走到了盡頭。某天夜裡，神秀在洛陽天宮寺示寂，臨去前僅留下三字囑咐：「屈」、「曲」、「直」。

在《楞伽師資記》中提到，三祖璨禪師（僧璨）亦曾以蛇為喻：「蛇入筒喻定自亂，《智度論》云：『蛇行性曲，入筒即直；三昧制心，亦復如是。』」由是可知，這三個字是衍自《大智度論》（註六），其卷二十三有云：

一切禪定攝心，皆名為三摩提，秦言正心行處。是心從無始世界來，常曲不端；得是正心行處，心則端直；譬如蛇行常曲，入竹筒中則直。

此三字可由神秀極力攝心、專念息想的思想來進行理解。神秀著重於如何使心不動，使心依於法而得以端正；凡夫散亂的心就像一條蛇，平常都是彎曲而行，經「正心」而得端直。

從三祖僧璨與《大智度論》的說法中只看到「曲」、「直」二字，是用來形容蛇彎曲與伸直的狀態，所以或可推論「屈」是指由「曲」而「直」的動作；相當於在修習佛法時，需要在一定程度上與過往的慣性思維、俗知俗見有別，才能契入佛法的要旨。若能將心予以安定、淨心，就像是曲行的蛇進入筆直的竹筒中，入定而能息亂，亦即通過「屈」的動作，將可由「曲」而達到「直」的狀態。

神秀的遺囑雖精簡，卻恰到好處地圍繞著戒制心行。

神龍二年（西元七〇六年）二月二十八日夜晚，這位活了百餘歲、經歷隋唐二朝的大師，在靜坐中無疾而逝。〈大通碑〉曰：「神龍二年二月二十八日夜中，顧命趺坐，泊如化滅。禪師武德八年乙酉受具於天宮，至是年丙午復終於此寺，蓋僧臘八十矣。」

神秀年二十歲在天宮寺出家，也在此處圓寂，彷若輪迴，功德圓滿；一代大師德長臘高，法歲八十。雖說生死只是生命的變化過程之一，學佛之後應離塵寂滅，不應為生死之事憂愁煩惱；但是，神秀圓寂的消息傳出後，長安城仍有萬人痛哭，舉國悲悽。

三天後（同年三月二日），唐中宗迅速賜謚神秀為「大通禪師」。在神秀之前，歷史上帝王賜號僧伽者，僅有北魏僧人法果。（註七）而歷代禪宗祖師受到的加封或追賜，皆無法與神秀的身後殊榮相比，可說是無人能及。（註八）

神秀大師圓寂後，先瘞於龍門山，《楞伽師資記》說：「宸駕臨訣至午橋，王公悲送至伊水，羽儀陳設至山龕。」《景德傳燈錄》亦載曰：「羽儀法物，送殯於龍門，帝送至橋，公士庶皆送至葬所。」唐中宗親自送葬到洛陽城南午橋，王公大臣、京洛士庶皆前往，禮儀十分隆重。

岐王李範（李隆範）、燕國公張說、徵士盧鴻都為神秀寫下了碑誄，唐中宗更親自御書「大通神秀禪師」六字於碑額。《宋高僧傳》形容當時服師喪者眾：「名士達官，不可勝紀。」

神秀入滅百日後，朝廷依儒家禮儀舉辦百日卒哭祭，同時在龍華寺設佛教大會，〈大通碑〉說：「百日卒哭也，在龍華寺設大會，八千人度二七人。」

到了秋天，中宗依神秀遺願將其歸葬荊州，〈大通碑〉：「太常卿鼓吹導引，城門郎護監送喪。是日，天子出龍門泫金襯，登高停蹕，目盡迴輿。自伊及江，扶道候哀。」過程中，皇帝除了再次親送，更宣太子洗馬盧正權護衛神秀遺體至玉泉度門寺，由太常卿鼓吹導引，沿路扶道哀候者不計其數，人潮綿延千餘里。

相傳僧人萬回為了神秀的喪禮，捐出所有的財產寶物，〈大通碑〉曰：「萬回菩薩乞施後宮，寶衣盈箱，珍價敵國，親舉寵侑供巡香。其廣福博因，存沒如此，日月逾邁，榮落相推。」

十三個月後，朝廷在西明寺為神秀舉辦「小祥祭」（即死亡後一周年舉行的祭祀儀式），二十五個月後舉哀「大祥祭」。喪滿結束後，滿朝文武依然對大師思念不已。

在神秀出生的大村李置有「報恩寺」；此寺或為肇於武則天時期，於唐中宗時期完成。另於荊州當陽置「度門寺」；這裡就是神秀僧籍玉泉修行宣法之所，當時武則天為了「以旌其德」，於神秀應詔進京之時敕修。後大師遺體歸葬於此，皇室更置塔安葬。《傳法寶紀》記載，為了翻新和擴建度寺，唐睿宗（李旦）：「復出錢三十萬修崇焉。」

此後，唐中宗又在嵩山修建紀念塔，下詔於嵩岳南輔山的古靈臺，建造十三級佛塔追憶大師。《嵩山少林寺輯志．嵩書卷．嵩岳碑》云：「南有輔山者，古之靈臺也，中宗孝和皇帝詔于其頂，追為大通秀禪師造十三級浮圖。」

神秀約生於西元六〇六年（隋煬帝大業二年），卒於神龍二年（西元七〇六年），世壽一百零一歲。武則天、唐中宗、唐睿宗三位君王皆皈依神秀，其禪法流傳於長安、洛陽二京，遂有「兩京法主、三帝國師」之譽。

神秀圓寂後，朝廷命其弟子普寂統領群眾，門庭隆盛，在當時被視為達摩一系的禪宗正統法嗣，神秀更被尊為「北宗禪」之祖。

【註釋】

註一：《文殊說般若經》全名為《文殊師利所說摩訶般若波羅蜜經》（Saptaśatikā-prajñāpāramitā sūtra），前後共有四個譯本。其一為梁僧伽婆羅所譯之《文殊師利所說般若波羅蜜經》一卷；內容未有「一行三昧」，似為初出本。其二為梁朝曼陀羅仙所譯之《文殊師利所說摩訶般若波羅蜜經》二卷，與唐代譯本相同。其三為唐朝菩提流志等譯《大寶積經》卷一一五至一一六之〈文殊說般若會〉。其四為唐玄奘所譯之《大般若波羅蜜多經．第七曼殊室利分》，共二卷。《文殊說般若經》中述及「法界」、「般若」、「菩提」、「一行三昧」等般若思想，受到禪宗重視。禪宗四祖道信將《般若經》與《楞伽經》相結合，並將《文殊說般若經》與《楞伽經》中的文句揉和，轉變原有的禪風，使「般若」思想顯得更為重要。

註二：曼陀羅仙（生卒年不詳），又作曼荼羅仙，梵名Mandra，為「弱聲、弘聲」之意，扶南國（今柬埔寨）僧人。於梁武帝天監二年（西元五〇三年）來華，獻貢珊瑚佛像與佛經。後奉敕與僧伽婆羅從事譯經，譯出經典有《寶雲經》七卷、《法界體性無分別經》二卷、《文殊師利所說摩訶般若波羅蜜經》二卷。

註三：《入道安心要方便法門》傳為禪宗四祖道信禪師所撰，原書已亡佚。通過《楞伽師資記》中道信之記載，方知道信有此著作，並推測出《楞伽師資記》大量摘錄原書內容。《入道安心要方便法門》為道信針對弟子詢問的應答，其禪法依據為「諸佛心第一」、「一行三昧」；本書中並主張以「坐禪觀心」為主之五種禪要，即：知心體、知心用、常覺不停、常觀身空寂、守一不移等。

註四：《法華經．方便品》云：「佛所得法，甚深難解，有所言說，意趣難知。」佛陀為了善巧方便，大量以譬喻來闡明佛理，《法華經》中便有七個著名的譬喻——一、火宅喻：出自〈譬喻品〉；二、窮子喻：出自〈信解品〉；三、藥草喻：出自〈藥草品〉；四、化城喻：出自〈化城喻品〉；五、衣珠喻：出自〈五百弟子受記品〉，又作繫珠喻；六、髻珠喻：出自〈安樂行品〉，又作頂珠喻；七、醫子喻：出自〈如來壽量品〉。

註五：在《法華經．信解品》中，佛陀講述了一個關於「窮子」的譬喻——有一小孩從小「捨父逃逝，久住他國」，隨著年紀漸長，愈加窮困，只得四處流浪，以求衣食。他的父親乃一「大富長者」，「其家大富，財寶無量」；只是，雖然他四處遷移、尋找，一直找不到離散在外的兒子。某日，流落在外的窮子來到他父親所在的城邑，見到長者如是威德莊嚴，心生恐怖，便快速離去。

長者見到窮子，知道是自己的兒子，生大歡喜，便派人追趕，將窮子追回。窮子非常恐懼，擔心被處死，竟而昏厥。長者知道是怎麼回事，便令人以冷水灑面，讓他清醒後，任他自去。長者了知，窮子的意志仍處低劣、自視甚輕，對於豪貴會產生恐懼。長者巧設方便，使人請窮子來家裡打雜做事，並逐漸與他建立關係、收其為子；最後，在臨終前，讓窮子知曉自己真的是長者的兒子，並繼承了家產。

窮子喻中的「窮子」（流浪漢）代表六道眾生（或喻二乘），而「窮困求衣食」則用以比喻眾生在生死輪迴中無法解脫；「長者（父親）」用以比喻佛陀；「財寶」則表示本有的佛性。窮子喻傳達了眾生皆有成佛的可能，但由於背離本性「捨父逃走」，甚至不相信自己能成佛，如同迷失本心的眾生，在生死輪迴中流轉，或如小乘學人那般只樂小法。

在佛陀方便權巧下引導，最後窮子終於回歸身分，親證本自具有的佛性。

註六：《大智度論》，梵名 Mahāprajñāpāramitaśāstra，全稱為《摩訶般若波羅蜜經釋論》，又稱《大慧度經集要》、《大智度經論》、《摩訶般若釋論》，簡稱《智度論》、《大論》、《智論》、《釋論》，凡一百卷。古來傳說作者為龍樹，也有學者認為非一人一時一地所作，是後人集結後假託龍樹為作者。據說全書約合漢文千餘卷，鳩摩羅什以秦人好簡，故節譯成百卷。

《大智度論》的「大」是梵文 mahā 的意譯，亦即廣大無邊的意思，與《大般若波羅蜜多經》的「大」同義；「智度」即梵文 prajñāpāramitā 的意譯，指的是究竟、最高超的智慧，其音譯即是「般若波羅蜜多」。《大智度論》係《大品般若波羅蜜經》之註釋書，為理解大乘佛教之重要論書。《大智度論》又可與《百論》、《中論》、《十二門論》等「三論」（漢傳三論宗之立說基礎）合稱「四論」。

書中引述資料豐富，對學說、思想、用例、傳說、歷史、地理、實踐規定、僧伽之解說甚為詳細。所引用之經典、論書包含原始佛教聖典、部派佛教諸論書，以及初期大乘之《法華經》、《華嚴經》等諸經典，並言及勝論派及其他印度流傳之思想，可謂為當時之佛教百科全書。為研究印度佛教史的重要資料，也是中觀學派的重要著作。

註七：法果（生卒年不詳），北魏僧人，趙郡（今河北省趙縣）人。年四十出家，戒行精至，開演經典。於北魏皇始年間赴京，擔任僧統統合教團。北魏明元帝常泰年間示寂，世壽八十，明元帝拓跋嗣三臨其喪，追贈法果為「老壽將軍趙胡靈公」。

法果致力興隆北魏佛教，不但稱北魏道武帝是「當今如來」，更主張沙門應當禮敬君王，曾說：「太祖明叡好道，即是當今如來，沙門宜應盡禮。」除了親自禮拜之外，法果也宣稱君王最能廣弘佛法，認為拜君王即是禮佛：「能鴻（弘）道者即為人主，我非拜天子，乃禮佛也。」法果的主張與南朝「沙門不敬王者論」之主張，形成強烈的對比。

註八：歷代禪宗祖師圓寂時間與受封情形：

菩提達摩，圓寂於魏孝明帝太和十九年（西元五三五年），至唐代宗追諡為「圓覺大師」，時隔二百二十餘年。

慧可，圓寂於隋文帝開皇十三年（西元五九三年），至唐德宗追諡為「大祖禪師」，時隔一百九十年。

僧璨，圓寂於隋煬帝大業二年（西元六〇六年），至唐玄宗追諡為「鑑智禪師」，時隔約一百年。

道信，圓寂於唐高宗永徽二年（西元六五一年），至唐代宗追諡為「大醫禪師」，時隔一百一十餘年。

弘忍，圓寂於唐高宗上元二年（西元六七五年），至唐代宗追諡為「大滿禪師」，時隔九十餘年。

惠能，圓寂於唐玄宗先天二年（西元七一三年），至唐憲宗追諡為「大鑒禪師」，時隔一百零三年。

第六章　大通身後，南北之爭

二公之心，如月如日；四方無雲，當空而出。三乘同軌，萬法斯一；南北分宗，亦言之失。

——唐．皎然〈能秀二祖讚〉

神秀圓寂後，皇室對其弟子的尊禮如昔。所傳弟子中，以普寂（西元六五一年至七三九年）最富盛名、影響力最高。

普寂統攝禪門

神秀受詔入京時，推薦弟子普寂正式受度為合法僧人；長安年間（西元七〇一至七〇四年）他被派到嵩山南麓嵩岳寺（註一）修行。神秀入滅後，面對眾人請求開法：「咸請和上（尚）一開法緣」，普寂原本是推辭的：「萬人之請，誰聽其言？」（〈大照禪師塔銘〉）唐中宗為此派出考功員外郎武平一代為宣旨，通過詔書來勸請普寂統領眾僧，由是確立其領袖地位。

值得一提的是，這位唐朝官員代表武平一，正是荷澤宗（註二）所傳的《曹溪大師別傳》中提到的「北宗俗弟子」；在後來神會控訴北宗「擬滅南宗」，而有盜頭、磨碑、妄立等行為，「磨碑」一說正是以武平一為抨擊對象。

到了唐玄宗時期，皇室依然延續對神秀弟子們的推重。開元十三年（西元七二五年），玄宗詔普寂入洛陽敬愛寺。開元十五年（西元七二七年）玄宗到長安，除了請義福伴隨聖駕，同時敕令普寂「留都與唐寺（即敬愛寺）安置」；普寂遂以此寺為中心，在嵩洛地區宣說佛法。〈大照禪師塔銘〉記載：

由是法雲遍雨……是故聞者斯來，得者斯止。自南自北，若天若人，或宿將重臣，或賢王愛主，或地連金屋，或家蓄銅山，皆轂擊肩摩，陸聚水咽，花蓋拂日，玉帛盈庭。

由此可見王公大臣競相前往參禮，來學者絡繹不絕，形成「言禪寂者宗嵩山」的風氣。普寂不但使嵩山成為禪法重鎮，他的弟子道璿更把禪法傳到日本，最澄大師（西元七六七至八二二年）即為此系法嗣。此外，最早將禪法帶到朝鮮的信行法師（一名「神行」），受法於普寂門人志空，足見普寂一系影響甚鉅。

《舊唐書》說：「及神秀卒，天下好釋氏者咸師事之。」普寂一生致力闡揚宗風；他與義福二人，一在嵩洛，一居長安，兩大禪師遙相呼應，齊心熾盛門庭，使得兩京之間，幾乎人人宗於神秀禪法。

神會北上

《景德傳燈錄》記載：

六祖滅後，二十年間，

曹溪頓旨，沉廢於荊吳；

嵩岳漸門，盛行於秦洛。

由此可見，在六祖圓寂後（約為西元七一三年），南宗原本是處於「沉廢」狀況的，北宗則頗興盛；神秀一系中，特別是普寂統領的僧團在北方大盛。與此同時，惠能弟子神會也到來到北方。

神會原先是神秀的弟子；由於武則天久視年間神秀應詔入京，鼓勵門徒至曹溪學習，神會便前往參禮惠能。他剛到曹溪的時候大約十三、四歲，是惠能晚年所收的弟子。《壇經》記載，惠能示寂前，只有神會得其要旨，曉得善與不善都是法性平等，故哀樂不生，如〈付囑品〉云：「神會小師，卻得善不善等，毀譽不動，哀樂不生，餘者不得。」

惠能圓寂後，神會先是四方遊歷訪學，到了開元八年（西元七二〇年），敕住南陽龍興寺，人稱「南陽和尚」。神會積極傳播頓教禪法，當時的戶部尚書王琚、吏部侍郎蘇晉（西元六七六至七三四年）、燕國公張說（西元六六三至七三〇年，即〈大通碑〉作者）、詩人王維（西元六九九至七六一年）等人皆與其來往請益、讚譽有佳，從此逐漸遠近聞名，但仍不若普寂威名赫赫。

神會的「北伐」正統之爭，先是提出了幾項「擬滅南宗」的指控。在神會弟子獨孤沛（生卒年及生平經歷不詳）所整理的《菩提達摩定是非論》中記載，神會疾呼：「苦哉！苦哉！痛哉！痛哉！」並舉出普寂擬滅南宗的三件事：

開元二年中三月內，使荊州刺客張行昌詐作僧，取〔惠〕能和上〔尚〕頭，大師靈質被害三刀。盛續碑銘經磨兩遍，又使門徒武平一等磨却韶州大德碑銘，別造文報，鐫向〔惠〕能禪師碑。……又今普寂禪師在嵩山豎碑銘，立七祖堂，修《法寶紀》，排七代數，不見著〔惠〕能禪師。

引文指出三件事。第一，為張行昌（《曹溪大師別傳》則載為張淨滿）欲盜取惠能首級，在六祖脖子上砍了三刀。然而，宗寶本《壇經》中則說，張行昌原本要向惠能行刺，但六祖有神通，曉知過去因果（過去世曾欠張行昌錢財），所以惠能被張行昌砍了三刀之後毫髮無傷（「行昌揮刃者三，悉無所損」）。如此神通讓張行昌驚嚇後悔改，爾後出家修行，又到曹溪禮拜惠能，六祖將其改名為「志徹」。從人名、事件的出入可推知，此說應為荷澤宗所造之傳說。

第二指惠能碑文被磨之事。武平一曾在嵩山學佛，後來也代表官方請普寂出山，與北宗禪師應有交情，後來因故被貶至蘇州。神會認為，武平一居於南方，所以磨改惠能碑文。然而，據文獻記載，荷澤宗自身相傳的說法也有所出

入，尚須斟酌。（註三）

第三便是妄立神秀為六祖。神會最在意祖傳法統，所以大力抨擊普寂為神秀立碑、修譜，並謬以七祖自居的行為。根據胡適校訂本《定是非論》記載：

又今普寂禪師在嵩山豎碑銘，立七祖堂，修《法寶紀》，排七代數，不見著能禪師。□（缺字）能禪師是得傳授付囑人，為〔人〕天師，蓋國知聞，即不見著。如禪師（法如）是秀禪師同學，又非是傳授付囑人，不為人天師，天下不知聞，有何承稟，充為第六代？普寂禪師為秀和上（尚）豎碑銘，立秀和上為第六代。今修《法寶紀》，又立如禪師為第六代。未審此二大德各立為第六代，誰是誰非？請普〔寂〕禪師仔細自思量看。

引文中的「碑銘」，指的是李邕（西元六七八至七四七年）所著〈嵩岳寺碑〉；碑銘中記載唐中宗為紀念神秀建造十三級浮圖，並且提到「若不以達摩菩薩傳法於可，可付於璨，璨受於信，信恣於忍，忍遺於秀，秀鍾於今和上

(尚)寂。」這樣的傳法世系,以神秀為六祖,普寂為七祖。《法寶紀》指的則是杜朏的《傳法寶紀》:所謂立「如禪師為六代」,亦即《傳法寶紀》序文中提到達摩之後的傳承為:「惠可傳僧璨,僧璨傳道信,道信傳弘忍,弘忍傳法如,法如及乎大通。」

神會大力否定北宗所列譜系,不但在滑臺大會中抨擊,更在所謂的「禪宗正統傳承系統」上,提出了有別於往的新標準。

滑臺辯法

「誰是禪宗正統?」這個問題被神會正式提了出來。唐玄宗開元十八至二十年(西元七三〇至七三二年)連續三年的正月十五日,神會在滑臺(今河南省滑縣)大雲寺設立無遮大會,公開批評並否定神秀一系,展開法統之爭的辯論會。

神會指責北宗「師承是傍，法門是漸」，並提出歷代禪宗傳法為「一代一人」，大力提倡六祖惠能的正統。獨孤沛將無遮大會（註四）的過程、問答等要點記錄下來，又融合吸收其他論點，編輯修訂成《菩提達磨南宗定是非論》。

在辯論會上，神會鄭重宣告自己的目的：

今日說者，為天下學道者辯其是非，

為天下學道者定其宗旨。

雖然名義上是「為天下學道者」辨別是非對錯，事實上卻是為其師門而爭，試圖確立自己心目中的正統地位。

與神會論戰者，是「時人號之山東遠」的崇遠法師；在僅存的史料中已無法確知其生平，僅能通過《定是非論》了解到，崇遠是一位「兩京名播，海外知聞」的僧人。當時主要的論旨可歸納為「傳法信物」、「傳法制度」、「修行法門」、「帝師身分」、「地域不同」等數點，說明如後——

傳法信物之辯：袈裟傳法說

神會說自菩提達摩以來，傳衣付法是有「袈裟」作為信物的，弘忍傳袈裟到了韶州，法信隨著惠能南下，他才是真正的傳人。《定是非論》中說：

達摩遂開佛知見，以為密契；便傳一領袈裟，以為法信，授予慧（惠）可。慧（惠）可傳僧璨，璨傳道信，道信傳弘忍，弘忍傳慧（惠）能。六代相承，連綿不絕。

唐朝忍禪師在東山將袈裟付囑與能禪師，經今六代，內傳法契，以印證心；外傳袈裟，以定宗旨。從上相傳，一一皆與達摩袈裟為信；其袈裟今見在韶州，更不與人。餘物相傳者，即是謬言。

關於以「袈裟傳法」之說，《壇經》中可見到相關記載，如：「汝為六代祖，衣將為信稟，代代相傳。」不過，不能忽略的是，《壇經》在傳世過程中，經過幾番增添和補充，不一定能作為支持達摩袈裟存在的依據；便有學者認為，袈裟傳法是神會編造的。即便「傳衣」之說為真，亦無法直接將其作為判斷嫡傳的根據，因未有文獻支持「袈裟」是菩提達摩所傳。（註五）

我們應當認識到，「法衣」只是傳法的方便之門，正如著名文人劉禹錫（西元七七二至八四二年）在〈佛衣銘〉中所言：

六祖未彰，其出也微；既還狼荒，憬俗蚩蚩。不有信器，眾生曷（何）歸？是開便門，非止傳衣。

六祖惠能在尚未名聞天下之前，只是不認識字的樵夫。到了黃梅參禮弘忍後，密受心印而得到法衣，接著便以行者身分隱居在獵人隊之中；凡夫看到法器，因而覺得有所依歸。事實上，所謂的法衣可能不過是方便之門；實體的衣物只是一種精神象徵，並不代表絕對的權威。

依照神會對師承的熟悉，很有可能明知法不在衣上，卻特意以「（衣）表代代相承，以傳衣為信，令弘法者得有稟承，學道者得知宗旨不錯謬故」（《定是非論》）為框架，視學習禪宗唯有惠能的頓悟法門一宗，並以此為正統，將神秀所傳視為錯謬的旁門，故執著於「法衣」的嫡傳之爭。這樣的行為，是將法義解讀為實質性的物體，而忽略佛法更超脫、更深層的精神意義。

傳法制度之辯：一代只許一人說

把握住袈裟傳法，神會又接續提出「一代只許一人」的傳法制，依《定是非論》所云：

從上已來六代，一代只許一人，終無有二；

終有千萬學徒，只許一人承後。

神會是第一個主張「禪宗一代只許一人」之說者；但是，這樣的論點顯然與弘忍門下分頭弘化的情況並不相同（詳見本書第二章）。

此外，我們可以參照本章前述提到之〈嵩岳碑〉（以神秀為六祖）、《傳法寶紀》（以法如為六祖，爾後「法如及乎大通」）等，其呈現不同弟子各述師承法脈，「一代只許一人」的說法並非當時禪門定論。（註六）

修行法門之辯：頓漸不同

神會接著更直接批評神秀的漸修法門，說六代大師都是用「單刀直入、直了見性」的頓悟法門，藉此證明惠能說法的合理性，並貶低神秀所傳之法。在《定是非論》中，他和崇遠這樣辯論——

和上（同「尚」，即神會）答：「今言不同者，為秀禪師教人『凝心入定，住心看淨，起心外照，攝心內證。』緣此不同。……心不住內，亦不在外。

如此坐者，佛即印可。從上六代已（以）來，皆無有一人凝心入定，住心看淨，起心外照，攝心內證。是以不同。……

遠（崇遠）法師問：「如此教門豈非是佛法？何故不許？」

和上答：「皆為頓漸不同，所以不許。我六代大師一一皆言，單刀直入，直了見性，不言階漸。……」

遠（崇遠）法師問：「嵩岳普寂禪師，東岳降魔藏禪師，此二大德皆教人坐禪，『凝心入定，住心看淨，起心外照，攝心內證』，指此以為教門。禪師今日何故說禪不教人坐，不教人凝心入定，住心看淨，起心外照，攝心內證？何名坐禪？」

和上答：「……今言坐者，念不起為坐；今言禪者，見本性為禪。所以不教人坐身、住心、入定。若指彼教門為是者，維摩詰不應訶舍利弗宴坐。」

從以上引文可以看出，神會認為神秀與惠能的不同之處在於，神秀提倡必須專注心念之後才能進入禪定的狀態，將心念靜止，觀照清淨的自心而不起任何妄想，進而可以使六根所對的外境皆化為清淨的，而在心念上可以證得佛性。

然而，惠能的說法並不是如此。依照惠能的觀點，心的觀看、觀照並無內外的區分，心即是清淨、靜止，專注的當下即已是禪定的狀態，不需要再強調專注後才能進入禪定，也不需要分別六根所對的外境，以及在心中證得佛性；而是在清淨的狀態中，六根、外境、心念、佛性等，全部都是一併呈現，當下也就是處於證得佛性的狀態，並且可以將心、佛性、自性、本性等皆予以貫通而無所分別。

神會以此證明，這是惠能與神秀之間最大的不同，進而引歷代祖師與維摩詰居士的說法為證；一方面是說，歷代祖師的說法直到惠能，一脈相承而無所乖隔；另一方面則是指出，神秀的說法已不為歷代祖師所接受，因為歷代從無神秀這般的教法。

崇遠對於對於神會何以否定神秀的教法提出質疑；神會則透過歷代教法的傳承證明，惠能與神秀兩者之間根本上是頓教與漸教的差別，而這正是神會認為的正統與旁門之分。因為，他以為，禪宗自祖傳以來，都是直言心性，不區分任何內外次第；就此而論，惠能才是得到法要的祖師。

雖然神會如此主張，崇遠仍舉出普寂和降魔藏二位禪師，都是採取「凝心入定，住心看淨，起心外照，攝心內證」的方法來教授坐禪，他們都是被認可的禪師；如果這些不是坐禪的正確方法，什麼才是坐禪呢？

神會進一步回答，他所說的「坐」，是指心念不起；所謂的「禪」，則指見到本有的自性、佛性。換言之，不是教人身體上靜靜地坐著，不斷強調心念專注而得以進入禪定的狀態；這只會造成修行者以為有個實有的身體、心性，乃至於六根與外境（認知的對象）有所區隔。依照禪宗歷來的教法，這些全部都是同一件事。如果說神秀的教法是對的，依據《維摩詰經》的法義，維摩詰居士就不應該訶責舍利弗宴坐（禪坐）。

神會所舉舍利弗在林間靜坐而受維摩詰斥責一事，源自《維摩詰經．弟子品》，舍利弗向佛陀報告這段經過：（註七）

憶念我昔，曾於林中宴坐樹下；時，維摩詰來謂我言：「唯，舍利弗！不必是坐，為宴坐也；夫宴坐者，不於三界現身意，是為宴坐；不起滅定而現諸威儀，是為宴坐；不捨道法而現凡夫事，是為宴坐；心不住內亦不在外，是為宴坐；於諸見不動，而修行三十七道品，是為宴坐；不斷煩惱而入涅槃，是為宴坐；若能如是坐者，佛所印可。」

經中所說的「宴坐」即「禪坐」、「禪定」的意思。維摩詰教導舍利弗，佛陀所認可的禪坐，是以人身或其他生物的形象在三界中出現，表面上看起來是在經歷生死輪迴等各種煩惱，但實際上是不斷地修行「三十七道品」等幫助禪坐的法門；無時無刻處於禪定的狀態，既便與世間的煩惱痛苦接觸，仍可達到涅槃的境界；而不是脫離這個世間，另有與世隔絕的禪坐。

相似的文字在《壇經》中亦有記載，如〈定慧品〉云：

善知識！道須通流，何以卻滯？心不住法，道即通流；心若住法，名為自縛。若言坐不動，是只如舍利弗宴坐林中，卻被維摩詰訶。

神會對神秀坐禪的批評，與《壇經》中的說法是一致的；但是，神秀主張通過觀心而悟、由定入慧的漸修之法，並不一定是執著於表象。（詳見本書第五章的說明）如從上引的《維摩詰經．弟子品》來看，維摩詰亦重視「三十七道品」的修行，稱其為解脫道不可或缺的法門，是逐步達到解脫涅槃的方法，亦可視為對於神秀之說的支持。

由此可知，佛法觀機逗教，針對不同的眾生、根器，即有相應而不同的教法；至多只能說神秀的教法適合某些眾生，而不能解讀為不合佛法。神會直接以歷代祖師不言有次第的漸教（「階漸」）來否定漸修的方法，將神秀思想所主張之從漸修到頓悟的「次第」，擴大為其與頓悟法門間的「對立」，其實只是為了確立傳承正統性的一己之言。

根據史料記載，禪宗歷代祖師都有教人漸修之法，並非沒有循序漸進的坐禪修法，以前五祖為例——

初祖達摩：

在《菩提達磨大師略辨大乘入道四行觀》中，達摩祖師關於「理入」的禪觀是這麼說的：

理入者，謂藉教悟宗，深信含生同一真性，但為客塵妄想所覆，不能顯了。若也捨妄歸真，凝住壁觀，無自無他，凡聖等一，堅住不移，更不隨文教，此即與理冥符，無有分別，寂然無為，名之理入。

達摩教人以「凝住壁觀」之法。所謂「壁觀」具有二層意涵，一為通過面壁而坐來入定，二則收攝內心，讓心如牆壁一般，也就是宗密在《禪源諸詮集都序》中說的：

達摩以壁觀教人安心，外止諸緣，內心無喘，心如牆壁，可以入道，豈不正是坐禪之法？

達摩的「凝心」與神秀所說的「住心」，都是透過收攝心念來入定，進而達到覺悟，在修法上皆有次第的進展。

二祖慧可：

在《楞伽師資記．惠（慧）可傳》中，二祖曾引用各經典來對修道明心的要法進行論述，其中提到：「若有一人，不因坐禪而成佛者，無有是處。」意思是說，透過坐禪之後才能成佛，由是可知慧可是肯定並提倡坐禪的；而且，從坐禪到成佛可以是循序漸進的關係，並非將坐禪直接等同成佛來看。

又說：

禪若忘（妄）念不生，默然淨坐，

大涅槃日，自然明淨。

意思是通過淨坐來斷除煩惱，便能將本有的佛性呈現，也是指從坐禪到妄念不生，進而達到涅槃。

三祖僧璨：

史料對僧璨思想的記錄並不多。如《楞伽師資記．粲禪師傳》中提到三祖曾經以蛇為喻：「蛇入筒喻定自亂，《智度論》云：『蛇行性曲，入筒即直，三昧制心，亦復如是。』」其意為，將心予以安定，就像是曲行的蛇進入筆直的竹筒中而變直；入定而能息亂，亦即通過「屈」的動作，將可由「曲」而達到「直」的狀態。如果依照神會的看法，應該是「曲」等同於「直」，蛇性本身無曲直之分；但看僧璨的說法顯然並非如此，而是經過一些工夫過程之後才能產生「由曲而直」的結果。此外，又如《楞伽師資記》說僧璨：

隱思空山，蕭然淨坐；

不出文記，祕不傳法。

可見，僧璨對於「淨坐」（坐禪）是重視的，而且坐禪本身即是修行的方式，並非一定要將坐禪視為與其他概念等同的情形。

四祖道信：

從道信開始，對坐禪觀心的主張十分明確。《傳法寶紀．道信傳》中提到其教授弟子：

每勸諸門人曰：「努力勤坐，坐為根本。能作三五年，得一口食塞飢瘡，即閉門坐，莫讀經，莫共人語；能如此者，久久堪用。如獼猴取栗中肉吃，坐研取，此人難有。」

由引文可知，道信已不只是在概念上抽象地說明次第，甚至指出「三五年」的具體時間，可以做為修行到某一個階段的參考。(註八)

在道信的思想中，是通過坐禪「守一」的方式來達到「明見佛性」。記載道信禪法的《入道安心要方便法門》中，四祖引用《觀無量壽經》說：

當知佛即是心，心外更無別佛也。……（後用五個方面解釋佛即是心，前四者中略）五者，守一不移，動靜常住，能令學者明見佛性，早入定門。

由此可以看出，最終的境界固然是「佛即是心」，可理解為佛、心，甚至自性、佛性、坐禪的狀態等，終將無分別；然而，過程中不乏各種方法的學習與鍛鍊，才能真正進入禪定之門，並非在起始階段便能將所有境界與進境次第「打成一片」、「不言階漸」。

五祖弘忍：

在《修心要論》中，弘忍反覆強調「守心」的重要，且「守心」是漸進的過程（詳見本書第二章）。此外，《楞伽師資記》記載弘忍教導弟子：

爾坐時，平面端身正坐，寬放身心，盡空際遠看一字，自有次第。若初心人攀緣多，且向心中看一字。證後坐時，狀若曠野澤中，迥處獨一高山，山上露地坐，四顧遠看，無有邊畔。坐時滿世界，寬放身心，住佛境界。清淨法身，無有邊畔，其狀亦如是。

其中「平面端身正坐，寬放身心」是具體教導禪坐的姿勢與心態，後續再帶出譬喻與意境。甚而指出剛開始學習的人（「初心人」）心思散亂，受感官驅使，則須不斷強調專注心念（「且向心中看一字」）；經過這些鍛鍊之後，才能達到將所有內外境皆視為佛境界的狀態。同理可證，弘忍在描述最高境界之前，仍是不乏對於初學者循序漸進的教導。

由此可見，並非如神會所說，歷代祖師只有教人頓悟而無漸修者。神會提出的「六代大師一一皆言，單刀直入，直了見性，不言階漸」主張，並不合於史實。

帝師身分之辯：歷代祖師無有一人爲帝師

在滑臺大會中，崇遠法師曾舉神秀的國師身分向神會詢問：「神秀禪師是名滿天下的『兩京法主、三帝國師』，影響至深至遠，為何就不能將其奉為六祖呢？」沒想到，神秀的「帝師」身分也成為神會抨擊的理由之一。

神會的回答是：「從達摩祖師以下，直到惠能和尚，六代的大師，沒有任何一個人擔任過帝王之師，因此神秀不是六祖！」

然而，神會的答覆在邏輯上是站不住腳的；即便自初祖達摩以降沒有人擔任過帝師，也不代表身為國師的神秀不能是六祖。

這一點或可另作解釋：神會要強調的，乃是佛教政教分離的傳統。自佛陀弘法以來，不論在印度或中國，歷來雖有國王、諸佛信奉佛教，向高僧大佛求法，但佛教高僧幾不直接干預政治或入朝為官。神秀以「國師」之尊入主京師，這一層身分嚴格說來，確實有值得探討的空間。

雖說如此，可從既有的史料了解到，神秀在朝所做的事，主要皆與佛法相關，並且給予朝野之間對於佛教信仰的支持，以及回答佛法方面的問題，並非透過國師一職而干預朝政，左右君王在政治上的判斷。

當然，於此同時，我們也可以理解何以神會對神秀有這樣的批評；藉由佛教祖師的身分，進而強調惠能不入朝受供，更符合佛教的規範。

地域不同之辯：分出南宗、北宗

在五祖弘忍之前，並沒有南宗、北宗這樣的區別；普寂自稱「南宗」，乃是指達摩所傳的「南天竺一乘宗」。這樣的稱呼原本沒有問題，卻被神會用來以南、北地域的不同而予以重新定義；他指出普寂是北方人，而且並未禮拜過南方的惠能，不能妄自稱為南宗。

《定是非論》中記載，崇遠詢問：為何不許普寂禪師自稱為南宗？神會回答，因為神秀還在的時候，天下學者將惠能、神秀這二位大師稱為「南能北秀」，這是天下人都知道的事；因為「南能北秀」這個稱謂，才出現南、北兩宗。普寂禪師是北方荊州玉泉寺神秀的弟子，從來沒去過韶州曹溪參禮惠能；一個沒到過南方的人，卻妄稱自己是南宗，這是不能允許的。

神會所說的「南能北秀」，依據敦煌本《壇經》記載：

世人盡傳「南能北秀」，未知根本事由。且〔神〕秀禪師於南荊府當陽縣玉泉寺住時修行，慧（惠）能大師於韶州城東三十五里漕（曹）溪山住。法即一宗，人有南北，因此便立南北。

此處指的是地域上的區分。普寂自稱的「南宗」，則是源自達摩繼承求那跋陀羅以《楞伽經》傳法，在《注般若波羅蜜多心經．皇四從伯中散大夫行金州長史李知非略序》中明載：

古禪訓曰：「（南朝）宋太祖之時，求那跋陀羅三藏禪師，以《楞伽》傳燈，起自南天竺國，名曰南宗。」

很明顯，這裡所稱的「南」，是指當時天竺國的南方，並非中國的南方，普寂是據此而稱為「南天竺一乘宗」。然而，不知神會是刻意或疏忽，混淆或誤解了普寂稱「南宗」的原意，而指謫普寂的南宗不合理。

在神會自詡為「南宗正宗」之下，將神秀一系稱以「北宗」，更導致後世直接將神秀一系歸為「北宗禪」，而與惠能為主的南宗對立起來。

南北互爭正統

面對神會的批判，北宗門人的對應方式大抵有二，其一是不予理睬，其二是給予壓制。（註九）神秀弟子普寂、義福二人面對神會的詆毀，謹言以對，並不隨之起舞。我們或可從記錄普寂教誨的〈寂和上偈〉中揣測他的態度：

萬般求法，不如看心；千種多知，不如禁口。三界中自死，唯有穢言；一切名香，無過善語。忍辱無價寶，慎口第一珍；若隨風火行，參差悟然人。

普寂把握住「看心」來總攝行為，合於神秀《觀心論》中「心者，萬法之根本」的看法；接著，普寂又說，即便有千萬種知識，也不如禁口。這種忍辱慎言、遵守戒律的風範，不僅用來教化門人，從行為來彰顯佛法，相比言語之爭，普寂看得更高更遠，也不落入正統與非正統、批評性的意氣之爭。

滑臺大會後，南北兩宗為法統針鋒相對、爭執不下；只要一有機會，便想辨法彰顯自己的宗派才是正統。滑臺大會後四年，開元二十四年（西元七三六年）義福圓寂，由嚴挺之（西元六七三至七四二年）所撰寫的〈大唐故大智禪師碑銘〉（又稱〈義福禪師碑〉）中云：

禪師法輪，始自天竺達摩，大教東派三百年，獨稱東山學門也。自可、璨、信、忍至大通，遞相印屬（囑）；大通之傳付者，河東普寂與禪師二人，即東山繼德，七代於茲矣。

從碑文可知，神秀一系的弟子繼續為北宗樹立六祖的地位。三年後（開元二十七年，西元七三九年），在普寂入滅之後，由李邕所作的〈大照禪師塔銘〉云：

（普寂）誨門人曰：「吾受托先師，傳茲密印，遠自達摩菩薩導於可，可進於璨，璨鍾於信，信傳於忍，忍授於大通，大通殆於吾，今七葉矣。」

可見普寂依然秉持著北宗立場的傳承世系，並以此交代於後世。

於此同時，南宗的影響力不斷擴大。天寶四年（西元七四五年）宋鼎請神會到洛陽的荷澤寺宣法，又在荷澤寺建立「惠能真堂」，由宋鼎撰寫〈唐曹溪能大師碑〉、太尉房琯（西元六九七至七六三年）作〈六葉圖序〉。同年，神會著《顯宗記》，定南、北頓漸，「南頓北漸」的名稱正是由此而起。

神會努力地讓頓悟法門立足於北方，先是在洛陽一代廣為流行，爾後更大行於天下。

安史亂後，北宗漸衰

南宗地位之所以大幅度攀升，並非全因禪法有優劣高下之分，還有大環境的影響；其中的轉捩點，正是安史之亂。

安史之亂（西元七五五至七六三年）期間，神會將眾僧們的收入用來支援軍需，對於朝廷收復兩京有一定程度的貢獻。安史之亂平定後，神會為南宗做了兩件大事，一是請郭子儀（西元六九七至七八一年）上表，為達摩初祖立謚號（諡為圓覺，塔名為空觀）；二是由廣州節度使啟奏，迎請惠能大師衣缽入宮。

南宗的地位自此更加穩固，如同柳宗元（西元七七三至八一九年）在〈賜諡大鑒禪師碑〉提到：「今布天下，凡言禪皆本曹溪。」後來，唐肅宗迎請神會入京供養，並將他住過的荷澤寺重新修建。

而北宗在安史亂後，雖說勢力減弱，但在朝廷之中仍具有一定地位；例如，歷經唐玄宗、唐肅宗、唐代宗三朝國師的「曇真」，正是北宗的第三代。

中唐之後，南宗逐漸成為主流。神會圓寂後，朝廷賜諡為「真宗大師」。在這位「南禪的急先鋒、北宗的毀滅者、新禪學的建立者」（胡適語）離世後三十九年，由唐德宗敕皇太子定禪門宗旨，於貞元十二年（西元七九六年）封神會為禪宗七祖，南宗遂成為正統。

會昌五年（西元八四五年），唐武宗李炎下令毀佛，在一連串滅佛政策下，兩京之間有三千多餘人被迫還俗、財產剝奪、寺院遭毀，史稱「會昌法難」。

北宗禪師多受國家供養，且活躍於洛陽、長安，自然首當其衝，受到很大的打擊，法脈到了唐末五代逐漸式微。位於華南地區裡的南宗，距離相對遙遠，加上本身以「農禪並舉」的叢林生活而能自給自足，受法難波及較少。廢佛令停止後，南宗禪更為弘傳興盛，在唐末五代十國開出「五家七宗」(註一〇)的盛況。至於神會一系及其荷澤宗，傳到第四代宗密之後，便漸漸衰弱以致於沉寂。

【註釋】

註一：嵩岳寺又稱中嶽廟、崇嶽寺，位於河南省登封縣北之嵩山南麓，建於北魏時期，原為皇室離宮，後改為佛寺。其建築宏偉，唐高宗和武則天皆曾以此為離宮；神秀圓寂後，唐中宗在嵩岳寺建塔。歷代駐錫者有普寂、僧稠、元珪等高僧。

註二：神會曾駐錫洛陽荷澤寺，後世遂以「荷澤」稱之，其宗派亦被稱為荷澤宗。此宗要旨為「知之一字，眾妙之源」，法脈傳承為荷澤神會、磁州法如、荊南惟忠、遂州道圓、圭峰宗密，至宗密為集大成者。這一法脈至中唐後逐漸衰微。

註三：印順法師《中國禪宗史》中提到：「依『神會語錄』，只說被磨改，被略除六代相承及傳衣，而『南宗定是非論』，在『經磨兩遍』以外，又說武平一磨碑。不但除去六代相承，而別立神秀為第六代。圭峰進一步說：原碑還說到『荷澤親承付囑』。磨碑的傳說，應是韋據所立碑文，沒有說到『付法傳衣』，為了避免北宗的反詰，而有北宗人磨碑別鐫的話。荷澤的原始說，還簡單，到晚年門下的傳說，更具體的說是武平一磨改，但更顯得不可信了。」

註四：「無遮」，即周遍、無遮止限制之意。無遮大會指的是不分善惡、貴賤、僧俗，眾人一律平等的大會齋。

註五：胡適在〈楞伽宗考〉（收錄於《胡適說禪》）中提到，通過對張說〈大通禪師碑銘〉所列之傳法系譜：「自菩提達摩東來，以法傳慧可，慧可傳僧璨，僧璨傳道信，道信傳弘忍，繼明重跡，相承五光。」這世系被後來李邕〈嵩岳寺碑〉、〈大照禪師碑〉（普寂碑文）、嚴挺之〈大智禪師碑〉（義福碑文）等沿用，是當時的定論。直到滑臺辯論後，神會

「新創」了袈裟傳法之說；到了八世紀後，便出現了「達摩→惠（慧）可→僧璨→道信→弘忍→惠能」這樣的新法統，流傳至今，成為禪宗公認的傳法世系。

胡適通過考證許多史料後，證明神秀及其弟子相關碑銘的系譜有其歷史根據，而得出以下結論：「在我們現在所能得到的可靠史料裡，我們沒有尋到一毫證據可以證明從達摩到神秀的二百年中，這一個宗派有傳袈裟為傳法符信的制度。所以我們的第一個結論是：袈裟傳法說完全是神會捏造出來的假歷史。」

此外，如學者楊曾文認為，或許弘忍真將袈裟贈予惠能，但那可能僅表示寄予厚望，「袈裟」未必是菩提達摩所傳。

註六：禪宗初創時期的傳承關係，並沒有所謂「嫡庶」或「只許一人」的說法。

在道宣的《續高僧傳．法沖傳》中，明列達摩法嗣：

今敘師承以為承嗣，所學歷然有據。達磨（摩）禪師後，有惠可、惠育二人。（惠）育師受道心行，口未曾說。可禪師後，粲禪師、惠禪師、盛禪師、那老師、端禪師。長藏師、真法師、玉法師。（已（以）上並口說玄理不出文記），可師後，善師（出抄四卷）、豐禪師（出疏五卷）、明禪師（出疏五卷）、胡明師（出疏五卷）。

引文中提到達摩法嗣有二人、惠可弟子有十二人，顯見初祖、二祖所傳法嗣都不只有一個人，而且沒有高低地位之分，與神會「一代只許一人之說」並不符合。《續高僧傳》完成於唐太宗貞觀十九年（西元六四五年），成書後二十年間有所增補，皆早於神秀（卒於七〇六年）、惠能（卒於七一三年）圓寂之前，是值得對照的史料，應比神會的說法更具有史實價值。

是以學者楊曾文指出：「聯繫到《續高僧傳》記載達摩的弟子有惠可、道育；惠可之後有粲、惠、盛、那、端、長、真、豐諸禪師，說明在禪宗的初創期，師徒之間的付法傳承關係並不存在嚴格的嫡庶差別，嗣法弟子不止一人。」

註七：《維摩詰經》，梵名Vimalakīrti-Nirdeśa-Sūtra，全名為《維摩詰所說經》，又稱《淨名經》、《不可思議解脫經》，為大乘佛教經典之一。以維摩詰菩薩為主角，充滿智慧的譬喻問答。這部經典影響了禪宗法門，如「不二」思想；許多禪宗公案典故亦出於此經，如「一默如雷」、「默然無語」等。

維摩詰，梵名Vimala-kīrti，意為「淨名」、「無垢稱」，為佛陀時代的修行者；其身分雖為在家居士，是在家眾的典範，但事實上其修為已是如文殊菩薩般的十地菩薩境界。舍利弗，梵名 Śāriputra，為佛陀十大弟子之一，為「智慧第一」的大阿羅漢。

註八：學者楊惠南指出，這正是惠能所批判的：「像道信這種強調『坐』，強調『莫共人語』的禪法，正是惠能批判的『不動不起』；但無疑地，卻是神秀禪法的所本。」詳見其〈道信與神秀禪法之比較——兼論惠能所批判之看心、看淨的禪法〉，收入《禪史與禪思》一書。

註九：胡適認為北宗門人的對應方式大抵有二：胡適在〈荷澤大師神會傳〉（收錄於《胡適說禪》）中提到：「北宗對於神會的戰略，只有兩條路：一是不理他，一是壓制他。義福與普寂似乎採取第一條路。但他們手下的人眼見神會的名聲一天大一天，見他不但造作法統史，並且『圖繪其形』，並且公開攻擊北宗的法統，他們有點忍不住了，所以漸漸走上用勢力壓迫神會的路上去。」

這邊所謂的「壓迫」，指的是《高僧傳．神會傳》所載：「天寶中，御史盧弈阿比於寂，誣奏會聚徒，疑萌不利。」這件事在《圓覺經大疏釋義鈔》中也有記載：「天寶十二年被譖聚眾，敕黜弋陽郡，又移武當郡。」兩段引文皆提到在天寶年間普寂門人盧弈誣陷神會聚眾，導致其被貶謫。然而，值得注意的是，普寂在開元二十七年（西元七三九年）早已入滅，不可能於天寶十二年（西元七五三年）去誣陷神會，故此說未必可信。

另外，同樣在《圓覺經大疏釋義鈔》有言：「敢因循直入東都，面抗北祖，詰普寂也。龍鱗虎尾，殉命忘軀，俠客沙灘五臺之事，縣官白馬；

衛南盧、鄭二令文事，三度幾死。商旅縗服，曾易服執秤負歸。百種艱難。」引文中提到神會遇到的種種困難，文字過於簡要，吾人無法得知全貌，僅能得知：神會因為對抗北宗、詰責普寂，因而受到俠客為難一類之事，被盧、鄭二位縣令拘捕於滑臺的白馬縣中。

註一〇：五家七宗又稱「五派七流」，為禪宗南宗流派的總稱，即臨濟、溈仰、曹洞、雲門、法眼等「五家」，加上出自臨濟之楊岐派、黃龍派，合稱「七宗」。

禪宗自菩提達摩傳至六祖惠能後，其弘傳最盛的法脈為「青原行思」、「南嶽懷讓」二支，其後傳承如下：

青原行思—石頭希遷（石頭宗）—藥山惟儼（下開曹洞宗）、天皇道悟（下開雲門宗、法眼宗）。

南嶽懷讓—馬祖道一（洪州宗）—百丈懷海—溈山靈祐（下開溈仰宗）、黃檗希運（下開臨濟宗）。

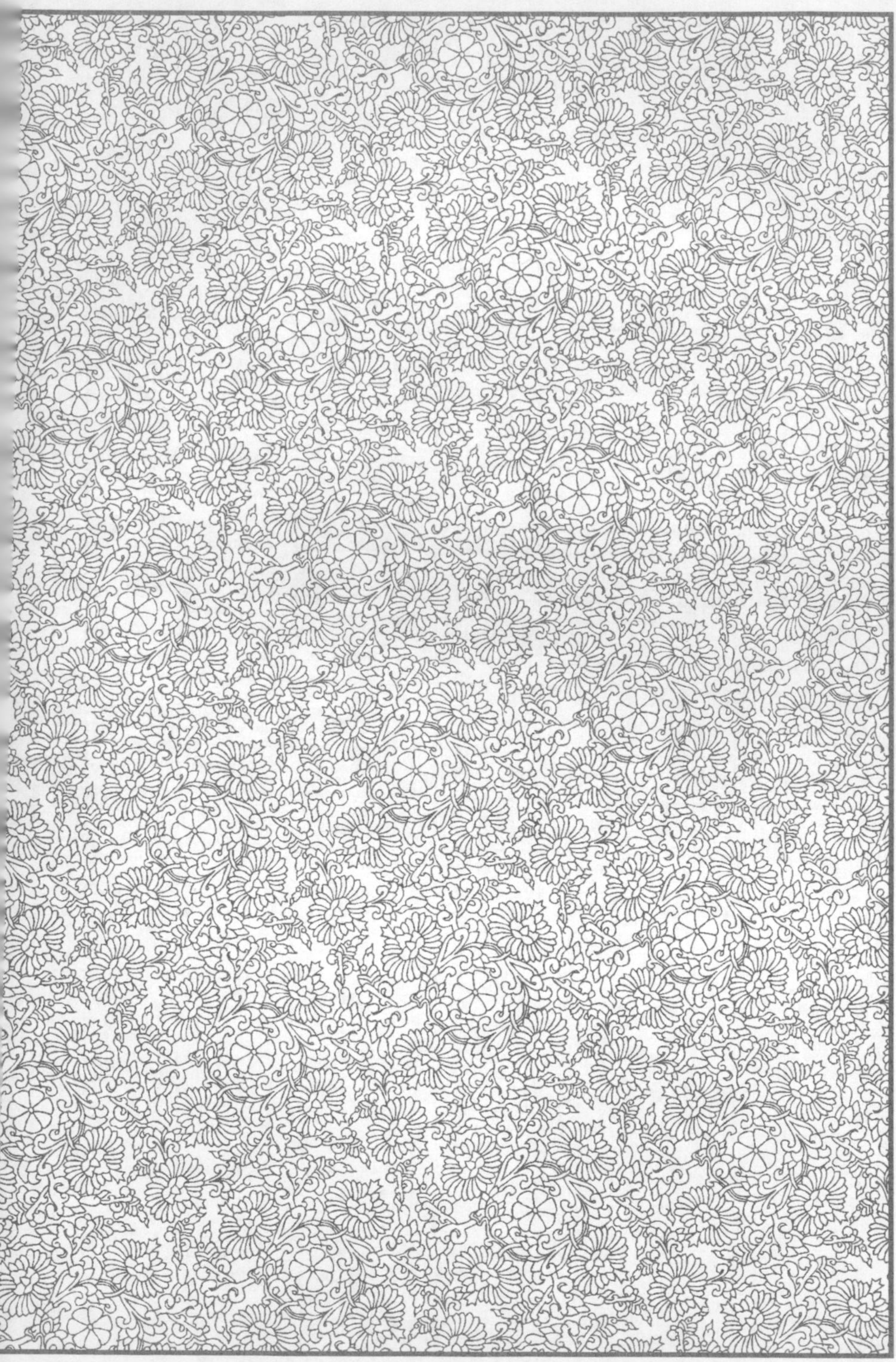

影響

壹・神秀的相關著述

知門戶者，豈慮難成？識關津者，何憂不達？超凡證聖，目擊非遙；悟在須臾，何煩皓首？

《楞伽師資記》說神秀：「受得禪法，禪燈默照，言語道斷，心行處滅，不出文記。」由此可知，神秀是通過坐禪修習向內觀照默證真如，斷除言語教法的執著，讓心不受外境影響，便不會有種種貪著和妄念，就是「心行處滅」，這也是神秀不出文記的原因。

在神秀的禪法中，禪修不一定必須透過靜坐的形式，也並非需要固定的空間或場域，而是無時無刻都可以觀照自心而領解佛法。「言語道斷」可以從兩個層面來理解，一是語言文字有所局限，無法完全表達佛法妙理；二則代表神秀的實踐精神，因為語言文字仍是有所相、有所執，所以不再用語言文字理解佛法，而是直接證悟。

其實在歷代禪宗祖師中，從達摩到弘忍也都是行「禪燈默照」。例如，《傳法寶紀》說道信教導門徒：「莫讀經，莫共人語。」《楞伽師資紀》也說弘忍：「不出文記，口說玄理，默授與人。」敦煌遺書在二十世紀被大量發現後，北宗相關文獻陸續面世。其中，《觀心論》及《大乘無生方便門》為神秀相關思想的重要著述；而敦煌遺書中的〈大通和尚七禮文〉（殘卷）與〈秀禪師勸善文〉，亦是珍貴的文獻材料。

《觀心論》

敦煌遺書出土以前，日本和朝鮮有《達摩和尚觀心破相論》（又稱《破相論》）流傳，被認為是菩提達摩所著。在敦煌本《觀心論》被發現前，日本金澤文庫收藏抄於十三世紀鎌倉時代題名《達磨和尚觀心論》的本子，為金澤文庫本；此版本被日本《少室六門集》（名為菩提達磨著）收入時，題為《破相論》，是為日本的流通本。

至於朝鮮，則有明朝隆慶四年（西元一五七〇年）僧人休靜（西元一五二〇至一六〇四年，號清虛堂）所編的《禪門撮要》中，有收題名為《達摩大師觀心論》，就是後世所說的安心寺刊行本。這個版本到了李氏朝鮮隆熙元年及二年（西元一九〇七年至一九〇八年），在梵魚寺刊行的《禪門撮要》中改題為《觀心論》（後署「初祖達摩大師說」）。

由此可知，不論是日本或朝鮮，《觀心論》在很長一段期間內，並沒有人把它和神秀及其北宗一系的禪法連結，而被認為是達摩祖師的作品。

這樣的說法，直到二十世紀二、三十年代敦煌遺書出土開始發生改變。各寫本中以 S2595 號本最早，此寫本後來被收入《大正藏》第八十五冊古逸部。

敦煌文獻的出土引起當代日本學者高度關注；其中，最早研究《觀心論》的是矢吹慶輝。他在一九一七年「敦煌古代佛經寫本展」（由當時的宗教大學、即今大正大學所舉辦）發表的研究成果中，包含了《觀心論》；後來，他又在一九三〇年編著的《鳴沙餘韻》中，介紹S2595號本。

一九三二年，日本學者神尾弌春在《宗教研究》新第9卷第5號上，發表〈觀心論私考〉一文。這篇研究考察了敦煌S2595、《少室六門》以及朝鮮本，比對唐朝慧琳（西元七三七至八二〇年）《一切經音義．卷一百》中所載：「《觀心論》者，大通神秀作。」論證《觀心論》應為神秀所著。（註一）日本學者宇井伯壽、篠原壽雄等人皆認同此觀點，這樣的看法在日本學界也逐漸被接受。

不過，學者鈴木大拙在考察《觀心論》五種版本後，於一九三六年發表〈五本對校本〉（後收入《鈴木大拙全集．別卷》一），文中傾向認為《觀心論》是達摩所述、弟子記錄，對於學界將此論視為是神秀著作的看法提出質疑。

綜而言之，《觀心論》的著述問題，大致有三種看法：其一認為此論是神秀所作；其二則提出是神秀所述、弟子記錄整理而成；其三則主張此論並非神秀所作。

《觀心論》通過觀心來統攝萬法，進而除三毒淨六根、除一切諸苦等思想，和其他禪宗文獻對神秀禪法的評論是相應的。例如，神會在《定是非論》中提到：「秀禪師教人『凝心入定，住心看淨，起心外照，攝心內證。』」正是對神秀修行法門的批評。此外，宗密在《圓覺經大疏鈔》指出神秀禪法特點為「拂塵看淨，方便通經」，這些批評內容皆為一致。

本書所採取觀點則和學者楊曾文相同，《觀心論》應是神秀傳授、由弟子及門人記錄整理而成。（註二）

為何《楞伽師資記》要說神秀「不出文記」呢？我們或可從《觀心論》的

內容找到原因，書中提到：

竊見今時淺識，唯知事相為功，廣費財寶，多傷水陸，妄營像塔，虛促人夫，積木疊泥，圖青畫綠，傾心盡力，損己迷它；未解慚愧，何曾覺悟。見有為，則勤勤愛著；說無相，則兀兀如迷。但貪現世之小慈，豈覺當來之大苦？此之修學，徒自疲勞；背正歸邪，誑言獲福。

神秀觀察到，當時的人誤把佛經中如塑造佛像、供養七寶或舉辦法會等當作修行，認為只要建造華美的塔像、大規模的法事，就會獲得大功德；因此費盡了金錢財寶、大量傷害水陸眾生、任意妄為地造像建塔，勞民傷財地傾盡大量人力，聚眾建造豪華的廟宇宮殿、繪製美輪美奐的佛像。這些在神秀看來，是「損己迷它」的行為，不但無助於自我修行，甚至導致民眾產生迷信；若不因此感到慚愧，又怎麼能覺悟呢？看到世間因緣造作的「有為」，則殷勤不倦於貪愛；聽聞真實無相之法，卻昏昏沉沉、迷迷惘惘。如此這般貪戀現世的小慈小善，又怎麼能覺悟到，死亡後仍要受六道輪迴的大苦？這樣的修行方法，只不過是徒勞疲憊，因為背離了佛法正道走向邪道，卻還妄想獲得福報。

這些好大喜功、勞民傷財之事，其實暗指當時武則天所為。《資治通鑑》記載，女皇為了建造佛像，「數年之間，所費以萬億計，府藏為之耗竭。」這些批評應當是入京之前所作；因為，若以國師之位抨擊君王，想必定不被見容。《楞伽師資記》或許也因此刻意說神秀「不出文記」，讓《觀心論》的這些批判內容不至於影響神秀大師及其門庭，可視為是一種權宜的保護。

《觀心論》在敦煌遺書中有七種，包含S2595(T85)、S5532、S646、P2460、P2657、P4646以及京都龍谷大學收藏的敦煌寫本（龍谷本），加上前面提到的朝鮮本、金澤文庫本以及日本流通本，共計十種。

在校勘方面，朝鮮學者金九經將《達摩大師觀心論》一卷（附校勘記一卷）輯入《薑園叢書》（一九三五年出版）。而前述提到的鈴木大拙「五本對校本」

指的是他在一九三五至一九三六年期間，將S2595、龍谷本、金澤文庫本、朝鮮本以及日本流通本予以對照。一九九六年，日本學者西口芳男發表〈敦煌寫本七種對照《觀心論》〉，將S2595 (T85)、龍谷本、S5532、S646、P2460、P2657、P4646對照。

二〇〇八年，中國佛學院宗性法師在鈴木大拙及西口芳男的基礎上，以P4646作為底本，用朝鮮本為輔助，同時參照龍谷本、S2595 (T85)、S5532、S646、P2460、P2657、金澤本及流通本，重新對《觀心論》進行標點校勘，並推測《觀心論》應是神秀及其弟子傳法、修習之間彼此問答討論的語錄。

《大乘無生方便門》

《大乘無生方便門》又稱為《大乘五方便》、《北宗五方便門》、《大乘五方便北宗》等，敦煌遺書發現很多寫本，主要寫本有：倫敦大英博物館所藏的S735、S1002、S7961、S2503、S2058，巴黎國立圖書館所藏P2058、P2270、P2836，以及北京圖書館藏（編號為「生024V」）。由於各本差異很大，有的古卷上甚至有多種寫本，難以合為完整，所以目前並沒有完整而全面的校勘成果。而斯坦因（註三）搜集的敦煌古本S2503上的寫本二及寫本三，分別以《讚禪門詩》、《大乘無生方便門》的題名，收錄在《大正藏》冊八十五中。

對於《五方便》的文獻學研究，多數還是日本學者。久野芳隆分別在一九三七年發表〈富於流動性的唐代禪宗典籍——敦煌出土的禪宗北宗代表作品〉，後又在一九四〇年發表〈北宗禪——由敦煌本的發現而明了神秀的思想〉這些文章中，介紹了P2270及S2058中的幾個寫本予以介紹。而宇井伯壽則是將S2503、P2270及S2058三卷上的寫本重新校勘，發表在岩波書店一九三九年出版的《禪宗史研究》一書中所附的〈北宗殘簡〉（他使用的標題分別是「大乘北宗論」、「大乘無生方便門」、「大乘五方便北宗」以及「無題」）。

較為完善的校勘版本為鈴木大拙整理校訂出「四本校刊本」（註四），發表在岩波書店一九六八年出版的《禪思想史研究．第三》（收入於《鈴木大拙全集》第三編），並推測《五方便》可能是在神秀入滅後不久時出現。本書前章關於《五方便》的介紹，主要根據鈴木大拙本及《大正藏》冊八十五所收寫本。

至於《大乘無生方便門》是否為神秀著作？大抵有四種觀點，目前尚未有定論。（註五）臺灣學者余威德認為《五方便》為普寂所作，但仍應將《五方便》視為神秀系禪法的重要參考，本書亦支持此觀點。

普寂在玉泉寺修行六年，深受神秀重視；後隨其入京，更在神秀示寂後統領門徒。如同《觀心論》中具備對東山法門思想的承繼，我們也當思考，《五方便》或可視為師徒一脈相承下，對神秀思想的整理和再發展。

〈大通和尚七禮文〉

〈大通和尚七禮文〉又稱為〈秀禪師七禮〉，敦煌文獻寫本為 P2911、S1494，文中每段以「至心歸命禮，本師釋迦牟尼佛」開頭，而 S1494 抄本與其他內容雜抄，較為模糊，結尾有「大通和尚七禮文」字樣。學者汪娟以 P2911 為底本，S1494 為校本，於《敦煌禮懺文研究》書中校錄〈秀禪師七禮〉如下：

至心歸命禮，本師釋伽（迦）牟尼佛。釋伽身心邊（遍）法戒（界），英（映）現眾生心相中，一切眾生無二等，一體真如普共同。於中若生分別相（想），即是顛到（倒）陪（背）真容。真容無言名無說，有言有說行恆空，若向色身生質礙，何時遠離得神通？願共諸眾生，往生無勝國。

至心歸命禮，本師釋伽（迦）牟尼佛。向裡懲心修行移，陪教求能覓法難。只為眾生不識體，賈（假）立經像遣思官；未識法時經上覓，未識佛時像上覓。識佛識法成真行，泥堪經卷不相干；若向此中永得聖，見他衣常應濟寒。邊見外聲無實相，普敬真如燈涅槃。願共諸眾生，往生無勝國。

至心歸命禮，本師釋伽（迦）牟尼佛。諸佛分身車六道眾，眾氣教化合一令，造惡定是真菩薩，修道應有己諳生。逆行順行皆不到，於中孝見彷真形。未識法時聲上覓，識法勤修不用聲。既得頂中如意保，何須心外更求名？願共諸（眾）生，往生無勝國。

至心歸命禮，本師釋伽（迦）牟尼佛。欲覓西方離貪愛，欲求請度舍園曾。不見他人身上善，唯說自身有果能。八苦長流不□（缺字）至，十惡昏波不自懲。向他門前燃知火，自許堂中滅惠燈。除色除聲不可學，逐名逐相結為輔。若作此心求藉滅，與諸聖教不相應。願共諸眾生，往生無勝國。

至心歸命禮，本師釋伽（迦）牟尼佛，一切眾生皆是佛，好壞長短不須論。他惡番（翻）心相作善，即是破見解真門。既得迴諍相作善，定得如來持介（戒）門。相善相惡無虛忘（妄），替（體）中平等本無分。只為迷心不覺察，侵佛徬（謗）法氣（起）貪瞋。且能普敬行真實，還同明月出重云。八萬四千真□□，□□□遍不可得。行行皆是□□□，□□□□□□者……（□為缺字，「者」以下缺文）

雖為殘本，從字句中可看出神秀所傳之禮懺關聯往生彌勒淨土的思想，但核心依然以「觀心」出發，斷惡修善達到佛性圓照，其中修道的本體正是人人本身具有的佛性，是以懺文說「何須心外更求名」。文中也點出，經像只是假立，不應執著（「假立經像遣思官；未識法時經上覓，未識佛時像上覓。識佛識法成真行，泥堪經卷不相干」）。

〈秀和尚勸善文〉

在敦煌文獻中現存寫本有二件，分別是S5702、P3521。其內容旨在勸誡僧徒善護菩薩戒，文中舉出許多名相和佛教典故，也含有唯識的思想。其中S5702寫本有「秀禪師勸善文」題首，僅有前半殘卷，P3521則為完本。學者朱鳳玉在〈敦煌勸善類白話詩歌初探〉中將P3521寫本予以校錄如下：

努力善護菩薩戒，此身無常速敗壞；狂象趁急投枯井，鼠嚙藤根命轉細。
上有三龍吐毒氣，下有四蛇螫蜂蠆；欲火盛熱燒心膽，猛炎流光煮肝肺。
昏昏常在五塵牢，冥冥恆被十纏蓋；幽迷山裡長夜眠，無明崖下反被害。
七火焚燒臭肉身，六賊同征那不壞；三業風輪不暫停，八識波浪無邊際。
凡夫執著真闡提，取相聲聞無智慧；自有彌陀不磨拂，向寺求僧請懺悔。
爺慈相喚向道場，諂曲供養幻三昧；有為功德多過患，競起英雄長懈怠。

口中說法甜如蜜，心裡瘡疣苦於艾；惟知外庭趁陽焰，不覺無明賊在內。
心與意識妄分別，眼耳鼻舌空觀外；佛共眾生一處住，眾生自共佛相背。
不知法性本來空，妄見空中染阿賴；阿賴猶如水電月，石火電光無至耐。
眷屬夢裡暫時間，一切有為假合會；亦不見有親兄弟，亦不見有親姊妹。
父母皆是貪欲生，男女從頭不淨袋；一張癡皮裹頑肉，三百碎骨相連綴。
屎尿臭處滿中殃，濃血交橫失分齊；危身革頭唯下露，脆命水上幅泡翳。
今日不報明朝期，誰能更報沒年歲；諸佛制敕斷火坑，菩薩慈悲勸出世。
寄語諸人莫放逸，努力勤持菩薩戒；無常欲海深難渡，云何不早賴獲計。
大王符下火急追，一切事業俱停廢；聞身康健勸坐禪，自用功夫除糞穢。
眼見色而滅歸空，耳聞聲而風上砌；無垢清靜常行走，不起瞋心恆禮拜。
饒益有情平等心，無二分別除雲翳；五分法身應彌陀，六念慈悲四句偈。
出家修道不思議，努力前頭莫退敗；勤學沙門清靜法，願汝受持深頂戴。

煩惱迷失歷萬劫，自恨重病經年歲；心如猿猴捉叵得，意似野馬難調制。
色聲香味遍諸根，受觸攀緣劇負債；護法猶如上大陣，遮四防三自策勵。
無生衣甲莫離身，解脫兜鉾常頂戴；精進鞍馬隨身行，忍辱刀箭自防衛。
他瞋低頭常歡喜，他罵禁口勞開閉；五欲時病莫共交，六賊同情必須制。
菩薩慈悲巧方便，不離眾生說真諦；舍珠衣裡勤磨拂，明月心中照世界。

【註釋】

註一：慧琳（西元七三七年至八二〇年），唐代西明寺僧人，原為西域疏勒國人，俗姓裴。師事不空三藏，內持密藏，外究儒學，精通聲明與訓詁之學。引用字林、字統、聲類、三蒼、切韻、玉篇、諸經、雜史，並參合佛意，詳察是非，撰成《一切經音義》，世稱《慧琳音義》。

慧琳除了在《一切經音義．卷一百》明確指出《觀心論》為神秀所做，更替《觀心論》中七個詞語進行定音和註釋，包括：涓流、波濤、膻腥、糠麩、鑄寫、走驟、畫碌。這幾個被慧琳在韻書中定音釋義的詞語，《觀心論》中皆能找到相應的文字。

註二：楊曾文在《唐五代禪宗史》頁九八中提到：「《楞伽師資紀》明載神秀生前『不出文記』，那麼《觀心論》有可能是他的作品嗎？正如史書說弘忍生前『不出文記』而有《修心要論》傳世一樣，神秀也許自己不從事寫作，但並不意味著他的弟子沒有機會把他傳授的禪法記載下來並整理成文書。……《觀心論》的思想與現存其他禪宗史書中所零散記載的神秀禪法主張是一致的。可以認為，《觀心論》是神秀的弟子對神秀傳授的禪法所作的紀錄整理而成的，說《觀心論》是神秀所述是可信的。」

註三：斯坦因（Marc Aurel Stein 1862-1943），英國探險家。原籍匈牙利，猶太人，後入英國籍。世界著名考古學家、藝術史家、語言學家、地理學家和探險家，國際敦煌學開山鼻祖之一。他是今天英國與印度所藏敦煌與中亞文物的主要搜集者，也是最早的研究者與公布者之一。從一九〇〇年至一九三一年期間進行了四次著名的中亞考察，考察的重點地區是中國的新疆和甘肅。

一九〇六年至一九〇八年，其於第二次中亞探險發掘古樓蘭遺址，運走敦煌莫高窟藏經洞中二十四箱佛經和五箱刺繡和繪畫，敦煌文物轟動整個歐洲。著有旅行記《沙漠契丹廢址記》和正式考古報告《西域考古記》五卷。

一九一三年至一九一六年進行第三次中亞探險，重訪尼雅、樓蘭遺址、敦煌，再次取得大量文物。這次還發掘了黑城子和吐魯番等地的遺址，發掘大量佛經、文書和雕塑，共計四千件；這些文書中包括西夏文、漢文、梵文和吐蕃文等多種文字。在考察之後，他寫下了《亞洲腹地》（Innermost Asia）和《在中亞的古道上》。其中亞探險所獲敦煌等地出土文物和文獻，主要入藏倫敦的英國博物館、英國圖書館和印度事務部圖書館，以及印度德里中亞古物博物館（今新德里印度國立博物館）。

註四：鈴木大拙四本校刊本之依據為：

第一號本：S2503 上的寫本二。

第二號本：S2503 上的寫本三。

第三號本：P2508、P2207 上的幾個殘本。

第四號本：S2503 上的寫本一。

註五：學者李幫儒於其博士論文《神秀研究》中列出學界對於《大乘無生方便門》著述的四種觀點，扼要整理如下：

認為《大乘無生方便門》為神秀所著：高令印等人。

認為《大乘無生方便門》為神秀弟子記述：楊曾文、印順、洪修平等。

認為《大乘無生方便門》能代表神秀、北宗思想，並認為此書為神秀一系重要禪法：潘桂明、吳立民、余威德等。

認為《大乘無生方便門》非神秀弟子所著，且不能夠代表神秀禪法：胡適、杜繼文、魏道儒等。

貳・神秀的主要思想

心是眾善之源，心為萬德之主，涅槃常樂，由真心生，三界輪迴亦從心起。心是出世之門戶，心是解脫之關津；知門戶者，豈慮難入？識關津者，何憂不通？

神秀振錫北方，是兩京禪門的泰斗，也被視為「北宗禪」的開創者。他的禪法融貫了《楞伽經》（詳見本書第一部分第二章〈「勿使惹塵埃」與「何處惹塵埃」〉一節）與《大乘起信論》的思想，將稟承自道信、弘忍之東山法門，予以高度實踐和發揚。

神秀認為，萬法的根本都在於本心，以觀心來總攝諸法。在神秀的思想中，「心」，是成佛關鍵，亦是修行的指導。在解說佛經時，善於採用靈活的詮釋方式，呈現「方便通經」的特色，使不同根器的人可以憑著自身的領悟力理解佛法。

本章從神秀的思想核心——「心」出發，介紹其禪法要旨，通過神秀對「觀心」的把握，了解其修行方法、戒律觀，及其「五方便」的要義。

心者，萬法之根本

在《觀心論》中，神秀提出「心者，萬法之根本」做為主旨，亦即心是根本的要義，一切的根源、種種諸法都生於本心：

問曰：「何一法能統攝諸法？」

答曰：「心者，萬法之根本，一切諸法，為心所生，若能了心，則萬法俱備。猶如大樹所有枝條及諸花果，皆悉依根而始生，及伐樹去根而必死。若了心修道，則省力而易成。不了心而修道，則費力而無益。」

通過樹根、枝條、花果的譬喻，把「心」比作一棵大樹的根。樹木有根，便能夠孕育出枝葉、開花結果；若是砍伐的時候去除根部，則樹木必定會死。從「依根而始生」可以知道，修道必須從「根」上做起，要了悟自心去修；如此一來，便能節省氣力而且容易有成；若是不了解心是一切的根本，不從自心上修，便會徒勞無功。也就是說，只要能夠將心修養好，從心出發而觀照世界萬物，則各種行為皆能秉持本心而行；一旦存心不正，則學習外在行為只是徒費力氣。

由此可知，神秀不但認為心是眾善的根源，同時也是輪迴的起因。《觀心論》也提到：

心是眾善之源，心為萬德之主，涅槃常樂，由真心生，三界輪迴亦從心起。心是出世之門戶，心是解脫之關津；知門戶者，豈慮難入？識關津者，何憂不通？

引文中可以看出「心」的重要性，心可以生出各種善意、德行，透過修心達到涅槃常樂的境界。然而，墮入三界六道的輪迴，也是由於存心不正，對世間產生貪愛、黏著，以至於不能解脫。簡而言之，不論是善惡、輪迴或解脫覺悟的關鍵，皆取決於心的修持。

「淨心」與「染心」

神秀主張觀心的目的，是為了能夠認識到自己本有的、與佛契合的自心。神秀認為，自心起用之後，有淨心、染心兩種差別，《觀心論》中提到：

問：「云何觀心，稱之為了？」

答：「菩薩摩訶薩，行深般若波羅蜜多時，了四大五陰本空、無我，了見自心起用有二種差別。云何為二？一者淨心，一者染心。此二種心，法界自然，本來俱有，雖離假緣，合互相待。淨心恆樂善因，染體常思惡業。若不受所染，則稱之為聖，遂能遠離諸苦，證涅槃樂；若隨染心造業，受其纏覆，則名之為凡，沉淪三界，受種種苦。何以故？由彼染心障真如故。《十地經》云：『眾生身中，有金剛佛性，猶如日輪，體明圓滿，廣大無邊；只為五陰重雲覆，如瓶內燈光不能顯現。』又，《涅槃經》云：『一切眾生悉有佛性，無明覆故，不得解脫。佛性者，即覺性也，但自覺覺他，覺智明了，則名解脫。』」

有人問：「為什麼『觀心』會被稱為究竟了悟的法門呢？」神秀答曰：「菩薩摩訶薩在修行般若波羅蜜多的時候，了知地、水、火、風等『四大』皆空，色、受、想、行、識等『五陰』（『五蘊』）虛妄不實，而非自我。」

佛教所說的四大象徵構成身體的四種元素，五陰（又言「五蘊」。「蘊」為積聚之意，「陰」取其障蔽義）則是身心和合的五種要素。一般人都會認為，身心等同於自我，或是被自我所擁有；然而，神秀依據佛法自解脫道至菩提道一貫的觀念，指出四大和五陰都是因緣積聚所構成，並非固定不變之存在，更不是自我或自我所擁有的。

能夠認識到這點，即可得知，自心在起用之後會有不同的表現與差別，神秀以「淨心」與「染心」稱之。前者是認知到性空、無我的境界，而後者則是執持四大與五陰為實體、自我，於是繼續沉淪與三界之中。神秀接著說：

「了知自心的起用有兩種差別，這兩種差別是什麼呢？一者是『淨心』，一者是『染心』，這兩種是法界眾生本來就具有的，會因為各種因緣而生。淨心恆樂會種下善因，染心常常造作惡業。如果不受染心覆蓋，則稱為『聖者』，進而能夠遠離六道輪迴之苦，證得涅槃之樂；但若隨著染心去造作惡業，受到染心的牽纏，那就叫做『凡夫』，會沉淪在欲界、色界、無色界之中，受種種苦。這是為什麼呢？是因為染心障蔽真如之心的緣故啊！」

神秀並引經證：「《十地經》有言：『在眾生身上，是有著金剛堅固的佛性，猶如太陽般清淨光明而圓滿、廣大而無邊際；但是，當陽光周圍出現雲霧圍繞時，好比眾生的本性被五陰給覆蓋、障礙住了，將如同瓶子中的燈光，不能顯現出本有的光明。』另外，《涅槃經》中也說：『一切眾生都有佛性，但因為被無明覆蓋，所以不能解脫。而所謂的佛性，就是覺性，能夠自己覺悟，進而覺他，覺行圓滿；清楚地了悟到佛性，這就叫做解脫。』」

神秀將心的起用，分成淨、染兩種性質，發揮了《大乘起信論》中「一心開二門」的思想。《起信論》云：

顯示正義者，依一心有兩種門，云何為二？一者心真如門，二者心生滅門，是二種門皆各總攝一切法。此義云何？是以二門不相離故。

一心總攝一切法，是成佛的根據。這個「心」是眾生和佛都具有的，依覺悟的差別，分為「心真如門」與「心生滅門」。心真如門指的是沒有被生死煩惱妄念等汙染的真如之心，其不生、不滅、不增、不減，永久成為成佛的根本、依據，這就相當於神秀說的「淨心」。心生滅門則指尚未覺悟，心仍在三界六道中生滅起伏，遭受因果、輪迴的循環，也就是神秀說的「染心」，必須要透過修行來滅除。

在鈴木大拙《校刊少室逸書及解說》中的〈《觀心論》對校〉中，關於淨、染心所收的文字為：

自心起用有兩種差別，云何為二？一者淨心，二者染心。其淨心者，即是無漏真如之心；其染心者，即是有漏無明之心。此二種心，自然本來俱有，雖假緣和合，互不相生。

我們可以作為參照，在神秀看來，這兩種心是一併出現在世間的，而作為根源的乃是「自心」、「真如」。（註一）

此外，通過《十地經》（註二）和《涅槃經》的引用，神秀肯定了一切眾生皆有佛性（「眾生身中，有金剛佛性」），佛性原是清淨的，只是受到妄念煩惱的污染，而失去本來的面貌。眾生和佛的分別，在於能不能夠覺悟。

正如張說在〈大通碑〉中開端提到的：

> 譔（撰）夫總四大者，成乎身矣；立萬始者，主乎心矣。身是虛哉，即身見空，始同妙用；心非實也，觀心若幻，迺（乃）等真如。

人是由地、水、火、風這些元素因緣和合而成，身體是假「四大」聚合而成；種種萬法都是由心化生，「心」正是萬法之主。若能認識到身體是虛妄不實的，就能破除「身見」（註三）而明白空性。「心非實也」中的「心」指的是產生萬法的染心，不論是萬事、萬象、萬物，種種本為虛妄，通過修行達到「觀身是空，觀心若幻」，就能見到原有的「真如」，也就是自性。

觀心看淨、不住萬境

要如何認識原本就具有的佛性呢？在神秀的禪法中，通過修行觀心看淨、息滅妄念，由此身心離念，得到解脫。《大乘無生方便門》中，呈現了具體的淨心方法：

和（尚）言：「一切相，總不得取。（所）以《金剛經》云：『凡所有相，皆是虛妄。』看心若淨，名淨心地；莫卷縮身心，（應）舒展身心，放曠遠看、平等盡虛空看。」

和（尚）問言：「見何物？」

（佛）子云：「一物不見。」

和（尚）：「看淨細細看，即用淨心眼，無邊無涯除遠看，無障礙看。」

和（尚）問：「見何物？」

答：「一物不見。」

和（尚）：「向前遠看，向後遠看，四維上下一時平等看，盡虛空看，長用淨心眼看，莫間斷，亦不限多少看，使得者然（能）身心調，用無障礙。」

對話中的「和尚」，就是修行方法的傳授者；「子」指佛子，亦即弟子、僧眾，包含來聆聽說法受禪的大眾。和尚說：「一切的現象，都是無法執取的，所以《金剛經》云：『所有的形象、表相都是虛妄不實的。』觀看『心』若能淨，就稱為『淨心地』；不要蜷縮住，而要放開身心朝向寬廣的遠方，平等地窮盡虛空的深處去看。」

和尚接著問：「你們看到了什麼？」佛子答：「什麼事物都看不到。」和尚接著說：「看淨的時候要細細看，看進去事物的根本，也就是將淨心做為眼睛去觀照，才能看到清淨的樣貌。看到一切都是清淨之後，將是無邊無際地深入，不知多遙遠，而且沒有任何的障礙可以阻擋。」

和尚接著又問：「你們看到了什麼？」佛子仍是回答：「任何事物都看不到。」和尚接著從看的方向提示說：「向前遠看，向後遠看，朝著東、南、西、北四方上下同時而平等地看，窮盡虛空地看，要生長出淨心眼看，頃刻都不可間斷，也不限制自己能看多少，應來者不拒，使身心能調和到發用都不受障礙的境地。」

對照佛教基本的道理，眾生與外界的接觸，即是眼、耳、鼻、舌、身、意六根，色、聲、香、味、觸、法六塵與眼、耳、鼻、舌、身、意六識的交互作用。若六根與六塵接觸時，身心不受攀緣、貪愛對象的意識所拘束，則這樣的「淨」即超越了現象、世俗的「淨」與「不淨」，是一種清淨無染的狀態，對於所見的事物、方位等都不執取於表相。所以，佛子答以「一物不見」，即表示已達到不住著、不執著，能通達萬事萬物而無障礙。

對於神秀而言，高超的境界不僅除了打坐之外，不論行、住、坐、臥之間，不論在吵雜熱鬧或僻靜的環境中，對於萬境的觀看皆不執著。《大乘無生方便門》中說：

鬧處勤看，不住萬境；臺身直照，當體分明。

靜處細看，不住萬境；臺身直照，當體分明。

行住等看，不住萬境；臺身直照，當體分明。

坐臥等看，不住萬境；臺身直照，當體分明。

從引文可知，所謂的「觀心看淨」也包含在日常生活中的實踐，在行住坐臥之間皆可以觀照本心，不需另尋一個空間、或是固定的打坐形式才能觀照。「萬境」表示內外所有的對象；「臺身」指自身如明鏡臺一般，可以隨時應照萬境，萬境皆是清淨無礙，每個當下都能觀照分明。就這一點而言，雖然神秀與惠能的譬喻不同，但其當下覺察、觀照本心的觀點，實有異曲同工之妙。

「觀心」一法，總攝諸法

《觀心論》中提到，無明煩惱無邊無量，但無明之心的本源是貪、瞋、癡「三毒」。當「三毒」通過眼、耳、鼻、舌、身、意這「六賊門」（註四）表現出來，六賊門和外境接觸而產生認知、分析、判斷、思考等動作，形成種種貪求和煩惱，眾生因此而在六道中受生死輪迴之苦。如論中曰：

無明之心，雖有四萬八千煩惱情欲，及恆沙眾惡，無邊無量，取要言之，皆由三毒以為根本；其三毒者，即貪、瞋、癡也。此三毒心自能具足一切諸惡，猶如大樹，根雖是一，所生枝葉，其數無量；彼三毒根，中生諸惡業，百千萬億倍過於前，不可為喻。

如是心於本體中，自為三毒；若應現六根，亦名六賊。其六賊者，則名六識，出入諸根，貪著萬境，能成惡業，損真如體，故名六賊。

一切眾生，由此三毒及以六賊，惑亂身心，沉淪生死，輪迴六趣，受諸苦惱；猶如江河，因小泉源，涓流不絕，乃能瀰漫，波濤萬里。若復有人，斷其根源，則眾流皆息。求解脫者，能轉三毒為三聚淨戒，能轉六賊為六波羅蜜，自然能永斷一切諸苦。

神秀以大樹比喻三毒：樹根能生長出無數枝葉，猶如貪、瞋、癡三毒心是萬惡根源，會生出無數的惡業；具體表現在六根向外攀緣，導致不斷造惡，如同樹根所生的茂盛枝葉一般，無數無量。從現實生活中可觀察到，眾生的各種貪愛、瞋恨、癡迷的具體表現雖有千萬種，但總地來說大致可分成這三類。

論中藉由這個比喻進一步說明，三毒的產生其實是源自於人的自心，而不是外境本身即有貪、瞋、癡的性質。如同前述的自心（真如）分出染心與淨心一般，三毒的產生在於眾生與外境（萬境）接觸時，六根不斷向外攀緣，如同盜賊一般想獲取看似美好的外境；神秀因此以六賊或六賊門指稱六根，意即六個層面的感受官能類似於盜賊般——「若應現六根，亦名六賊」。

但其後又說「其六賊者，則名六識，出入諸根，貪著萬境，能成惡業，損真如體，故名六賊。」由此或可推論，此處比喻六識的「六賊」應做動詞解釋，亦即六種攀緣外境的動作、意識，與六賊門的六賊略有區別。這也可以顯示出人們在對外境有所行動時，由生起意念到和外境互動，其中包含諸多細微而難解的過程。此處的「真如體」即「本體」、「真如」、「自心」；如果因為六根對外境的攀緣而造成惡業，則導致真如被遮蔽、受損，以為不能解脫而繼續輪迴。

道理雖是如此，但大多數眾生仍受諸般煩惱所苦，身心受到迷惑而錯亂，沉淪於六道輪迴之中。這些煩惱像大江大河一般，皆是肇因於細小的泉源，點點滴滴匯集，如涓滴聚成巨流瀰漫，掀起萬里巨浪波濤。若能對治斷除根源——三毒，則如同眾多支流般的煩惱、妄念就會息止。試圖從生死輪迴中解脫的人，若能轉三毒為「三聚淨戒」、轉「六賊」為「六波羅蜜」，變成修行的成就；這樣一來，自然能永遠斷除一切痛苦。

三聚淨戒原指大乘戒法，又稱為「三聚清淨戒」、「菩薩三聚戒」、「三聚圓戒」，包含：「攝律儀戒」、「攝善法戒」及「攝眾生戒」，亦即「誓斷一切惡，誓修一切善，誓度一切眾生」；六波羅蜜則是指「布施」、「持戒」、「忍辱」、「精進」、「禪定」、「智慧」六種能幫助從生死過度到彼岸的途徑、方法。然而，在《觀心論》中，通過觀心過程，把「斷除三毒」，等同於修持「三聚淨戒」和「六波羅蜜」。如《觀心論》說：

> 三聚淨戒者，則制三毒心也；制一毒，成無量善聚。聚者，會也；以能制三毒，即有三無量善普會於心，名三聚淨戒。六波羅蜜者，即淨六根，胡名波羅蜜，漢言達彼岸。以六根清淨，不染世塵，即是出煩惱，便至彼岸，故名波羅蜜。

引文指出，所謂的三聚淨戒，是用以制伏三毒心；而制伏三毒心的任何一毒，就能成就無量善法。若三毒皆能制伏，則相當於有三種無量的善法會聚於心，是故稱之為三聚淨戒。原本三聚淨戒的「聚」字指的是「種類」之意，在此則作「會」解（「聚者，會也」），亦即聚集、合會的意思。除此之外，「三聚淨戒」和「六波羅蜜」的原意不僅有內在的修行，也涵蓋外在的對象，如傳教、布施等活動；不過，在《觀心論》中，都被解釋成內在修行（也就是觀心）過程。

面對這樣有別於以往名相的解釋，也有人提出質疑。有人認為，神秀這樣解制伏三毒心的三聚淨戒，和原意有所乖隔，如《觀心論》中提及：

又問……今言制三毒心，豈不文義有所乖也？

答曰：佛所說經是真實語，應無謬也。菩薩於過去因中修苦行時，為對三毒誓斷一切惡常修戒，對於瞋毒誓修一切善故常修定，對於癡戒誓度一切眾生故常修恵（慧），由持如是戒、定、恵等三種淨法故，能超彼三毒惡業即成佛也。以能制三毒，則諸惡消滅，故名之為「斷」；以能持三聚淨戒，則諸

> 善具足，故名之為「修」；以能斷惡修善，則萬行成就，自他俱利，普濟群生，故名之為「度」。故知所修戒行，不離於心；若自心清淨，一切眾生皆悉清淨。故經云：「心垢即眾生垢，心淨即眾生淨。」又云：「欲淨佛土，先淨其心；隨其心淨，則佛土淨。若能制得三種毒心，三聚淨戒自能成就。」

由上可知，《觀心論》的解釋並不完全同於傳統原意，而是由原意衍生而來。神秀將戒、定、慧「三勝學」直接簡化成用來對治貪、瞋、癡三毒，三聚淨戒「誓斷一切惡，誓修一切善，誓度一切眾生」應為並列的關係；但在神秀的解釋下，「斷一切惡」指制三毒，「修一切善」指持三聚淨戒，「度一切眾生」則包含「斷一切惡」與「度一切眾生」，顯然與原意有別。並且，三聚淨戒本身包含三者「誓斷一切惡，誓修一切善，誓度一切眾生」三者，但被神秀收歸到（修）「一切善」的內容，也是較為獨特的解釋。

最終，神秀仍把握觀照本心的核心觀念，將所有的修行、持戒都收攝於自心之中，以心為戒，只要自心清淨便能含攝一切，心清淨則一切眾生悉皆清淨。神秀師弟惠能也有相似的發揮；例如，《壇經‧懺悔品》中提到：「戒香，即自心中無非、無惡、無嫉妬、無貪瞋、無劫害，名戒香。」亦即自心清淨名戒香。

這樣以有別於往的定義去解釋此一法門，可以視為更方便、善巧的解說，這樣的方法稱為「觀心破相」。（註五）由此又可看到神秀與惠能的相似之處，只是神秀較多對於次第、階段、具體方法的展開，而惠能更擅長於原則的把握。

對惠能批評的再思考

《壇經》中可以見到惠能對神秀坐禪方法的批評。例如，在「一行三昧」方面，〈定慧品〉提到：

迷人著法相，執一行三昧，直言常坐不動，妄不起心，即是一行三昧。作此解者，即同無情，卻是障道因緣。

惠能認為，此種持修方法不僅無法使人悟道，反而會造成修禪者對佛法體悟上的障礙。

此外，〈頓漸品〉更將「住心觀淨」與「常坐拘身」駁斥為是「病」而不是正確的修習法：

住心觀淨，是病非禪；常坐拘身，於理何益？聽吾偈曰：

「生來坐不臥，死去臥不坐；一具臭骨頭，何為立功課？」

惠能認為，常坐著不動不起，會讓身體被拘束著，因此質疑這樣對佛法的修學能有什麼助益？由此可以看出，惠能認為，禪修不應該只是維持固定不變的心理或身體，而是確實理解佛法的要義才是正確的方法；若是只想著在有形肉體身軀上修習佛法，這實際上是下錯功夫了。

惠能與神秀思想區別在於，前者是由「自性」出發，不認為有個實質的對象而往外探求；神秀的「觀心」、「看淨」，是以修心為要，不讓智慧之心帶有雜質，通過拂除塵埃來透顯原本面目。在惠能看來，心本來就是虛妄不實的，沒有什麼可以觀看的；而「住心觀淨」則有著對治、淨化自己意念的看法，也把「意」視為一種對象，似未能把握住自性。許多人只在「口頭上」修行，行為卻歪曲偏邪；在沒有真正領會「一行三昧」的真諦時，將造成執著於坐禪的表象。因此，惠能著眼於當下對自性的了悟，反對用坐禪去看淨。

事實上，神秀修行法門是把頓悟立足於漸修之上，例如前述曾提到的：「諸佛如來有入道大方便，一念淨心，頓超佛地。」《觀心論》更說：

攝心內照，覺觀常明；絕三毒心，永使消亡；閉六賊門，不令侵擾；自然恆沙功德，種種莊嚴，無數法門悉皆成就。超凡證聖，目擊非遙；悟在須臾，何煩皓首？

通過收攝心念去覺察，覺察的過程長久保持在清明的狀態，可以斷絕貪、瞋、癡，讓此三毒心永遠消亡，並將眼、耳、鼻、舌、身、意六根（「六賊門」）關閉，不受外在事物的干擾；如此一來，功德就會如同恆河沙粒般無數無量，種種莊嚴和法門都能夠成就。超凡證聖如同在眼前便能看見一般地親近，並非是遙遠的事情；覺悟就是在須臾之間，哪裡需要等到年老髮白才能功成呢。

簡言之，我們可以知道，神秀主張由觀心而悟，雖然在惠能看來仍然是有所執著，但事實上並非立場上的差別；只是，神秀在解釋觀心的過程，會帶入具體實作的方法，這並不一定是執著於表象所導致。

傳統上用「南頓北漸」來區分惠能、神秀二位禪師的思想，就如《壇經》所云：「法無南北，人有利鈍」；這樣的說法，造成許多後世修道者往往認為，修習漸修法門的、或是在工夫上拆解得較為細緻、多樣的，都是根基差的鈍根之人；根基好的利根之人直接明心見性即可成佛，不須透過多樣的修行方法，甚至不需要文字的學習即可。然而，惠能所要表達的是現實上的情形——現實上人的確有利根與鈍根的差別，但並不代表利根之人所修的方法就是絕對的好，而適合鈍根之人的法門就是淺陋的。

反而，有時僅強調「明心見性」而忽略修行步驟與細節的結果，導致的弊病是許多人往往以為學佛可以一步登天，人人都自認是契合頓悟法門的「最上乘人」，尚未開悟卻跳過努力精進的過程，甚至認為禮佛、讀經都是形式化的、是虛妄的。例如，禪宗後期出現動輒呵罵佛祖、背離經教的「狂禪」（註六），又落入另一種偏執，而且行為怪誕不羈，使得更多人對於佛教有所誤解，以為許多修行法門都是無用的。

其實，從解脫道到菩提道的各個佛教系統，都包含著多種多樣的修行方法，佛陀亦未曾教人只有一種方法才能成佛，而是要視眾生的條件而給予適當的教導。即便是利根如佛陀一般，也是經過累世的修行才能成就，並非立即而短暫的結果。

是故，神秀主張淨心而見性，對於修行過程有著較多的講解，一方面確實可以視為較有利於鈍根之人學習；另一方面，則可將神秀與惠能的說法互相參照，依學習者的條件而選擇、互補。如果神秀的說法可以排除類似狂禪一般的問題，則未嘗不是一種適合修行的路徑。

「指事問義」的禪風

神秀的禪法風格延續了東山法門「指事問義」的特色，在開法施教時指物而問，透過啟發式引導讓學人起疑、思索，進而主動自省契悟。這樣離言說相的方式，相較於直接灌輸宣說，不但將語言文字應用得更為活潑，也達到隨機點化之效。

在《楞伽師資記》中，雖然沒有列出神秀這些接引語錄發生的對象、地點，記載較為簡要，但我們仍能通過語錄中的理趣，看到神秀禪法的特色。以下舉出幾則例子展示其「指事問義」的風格。

一、色心是否有？

大師云：「《涅槃經》說：『善解一字，名曰律師。』文出經中，證在中內。」

又云：「此心有心不？心是何心？」

又云：「見色有色不？色是何色？」

又云：「汝聞打鐘聲，打時有？未打時有？聲是何聲？」

又云：「打鐘聲只在寺內有？十方世界亦有鐘聲不（否）？」

「善解一字」是出自《涅槃經》：「善學戒律，不近破戒，見有所行，隨順戒律，心生歡喜。如是能知佛法所作，善能解說，是名律師善解一字。」意指，如果隨順戒律而修行，應能好好地解開戒律的字義。然而，神秀更重視「證在中內」，不僅重視戒律的意義，進而強調不落入對經典文字的執著。

接著以身（色）心為例。雖然神秀重視觀心，但也必須認知到「心」並不是真的有個真實不變的實體，而是用來表示知覺、情意等活動所使用的概念；「色」也是如此，不能執持身體的現狀，終究是在持續朽壞的過程中。神秀進而舉敲打鐘聲為例：當我們聽到鐘聲時，是敲打的時候發出鐘聲？還是當停止敲打後，你仍聽到聲音，則表示鐘聲是在沒有敲打的時候出現？那麼，鐘聲到底是什麼樣的聲音呢？這鐘聲是只在這寺院中出現？還是十方世界到處都有呢？

神秀透過對於色心的叩問來啟發學人：如果色心都是不可執為實有的對象，則透過色心而產生的知覺活動——例如聽到鐘聲的過程，也都是虛妄的過程。因此，既要感知到這個過程，卻也不能將這過程中的每個環節視為固定的實體。這就如同對於戒律的遵守一般，戒律固然重要，戒律的精神、法義更是重要。

又云：「身滅影不滅，橋流水不流。我之道法，總會歸『體用』兩字，亦曰：『重玄門』，亦曰：『轉法輪』，亦曰：『道果』。」

二、體用如身

神秀以「身滅影不滅」、「橋流水不流」來說明：表面反常、卻合於道理的「反常合道」思維。若依照正常語言思維，通常會說「身滅影即滅」（影隨身而有）、「水流橋不流」；然而，若以「橋流水不流」來解釋，「橋」會隨著時間變遷損壞，但橋下的流水則是長期處於流動的狀態；這種流動狀態象徵萬事萬物的變化，變化是會不斷持續的，故將此變化的狀態稱之為「不流」。

神秀所要表達的是，我們以為固定不變的事物，事實上是沒有觀察到其變化的過程。

同時，我們也可以把握住神秀的「體用」來解釋這句話。體和用之間是可切換的關係，類似以某個對象為主體，「用」便是這個主體所產生的作用、變化。相對而言，可以將體用之間的關係對調，如同神秀舉的身影、橋水之喻，可參照杜繼文、魏道儒於《中國禪宗通史》的解釋：「『影』是空，空是體（如），『身』有生滅，則為『體』之用；譬如『橋』有成壞，而水恆流不變。」（頁一二八）

神秀將自己所傳之法歸結為「體用」，「體」指的是真如心體，而淨、染為「用」，承繼了《大乘起信論》「一心開二門」的體用：心是萬法的根源，是體；而心與見聞覺知就是體用關係。「體用」二字是求法的雙重玄妙禪理（「重玄門」），如同佛陀演說佛之教法（「轉法輪」），可以讓學人得道證果（「道果」）。

三、何時得見？

又云：「未見時見，見時見更見。」

「未見時見，見時見更見」字面的意思是：沒有看見的時候看見了，而見到時更看見了。從上述的體用觀來看，若是以「未見」為體，則「見」是用，因為未見是造成未來可見的原因；而如果以「見」為體，則「更見」就是用，因為「見」進一步推動了「更見」的產生。

藉此指出，事物的變化都是緣生緣滅的現象，端看當下以何者為主要的指稱對象，而何者是這個指稱對象的作用；藉此也可解消原本「未見」與「見」的對立，形成關聯而推動、互相作用的過程。

四、菩薩與佛皆寂照

又云：「《瓔珞經》云：『菩薩照寂佛寂照。』」

此處引用《瓔珞經》（註七），單就這句引用而言，難以明確得知神秀所要表達的意思。然而，若依照上述對於體用的掌握，或可理解為佛為體、菩薩為用；佛化現為菩薩，示現救渡眾生，而其根本乃是佛，兩者之間並非截然二分。如學者蔡日新於《中國禪宗的形成》指出：「至少說明了佛與菩薩之間並無截然的分別這個道理。」（頁二三一）

五、芥子與須彌相入

又云：「芥子入須彌，須彌入芥子也。」

「芥子」與「須彌」出自《維摩詰經．不思議品》。芥子是芥菜的種子，比喻極小；須彌指須彌山，是佛教中諸山之王，廣闊無邊，比喻極大。兩個極端相對的指稱，卻能彼此容納無礙，表示世間的事物並非絕對的二分、對立，而是有其共通的因緣可以互通、相容。

六、何物飛過？

又見鳥飛過，問云：「是何物？」

明明知道是鳥兒飛了過去，神秀為何還要問那是什麼東西呢？既然鳥飛過了，就不應該再起思維。或可將這段話理解成神秀對學人的切問，檢視學人是否開悟。可與鐘聲、橋水、未見時見等喻參照來看。

七、懸於枝頭坐禪能得否？

又云：「汝向了ㄙ（ㄉㄧㄠ音，本字為特殊字，其義為「懸」）樹枝頭坐彈（禪）去時得不？」

這是神秀詢問：「你若意識到自己懸掛在樹枝上坐禪，還能有所成就嗎？」亦即，如果意識到自己在何處坐禪，即有自我的觀念，不能真正進入坐禪的境界。

此處「樹枝上坐禪」之問，在《楞伽師資記》中記載弘忍教導弟子，也有類似的說法：

汝正在寺中坐禪時，山林樹下，亦有汝身坐禪不？一切土木瓦石，亦能坐禪不？土木瓦石，亦能見色聞聲，著衣持鉢不？《楞伽經》云：「境界法身」是也。

不論是弘忍或神秀的坐禪之問，都是通過坐禪時觀想自己的心念、意識，在什麼地方坐禪、坐禪時種種生起的意識，都是妄念。亦即應解消坐禪者這個主體——事實上無任何人在坐禪，則連帶地不會對周遭環境生起任何念頭，才是真正進入坐禪的境界。

八、直入壁中過得否？

又云：「汝直入壁中過得否？」

神秀提出入壁之問，問學人：「你是否進入過牆壁之中？」此處指的當然不是硬邦邦的木石之牆，而是象徵對於事物本身的理解是否通透，也可將牆壁視為佛法的譬喻。

香港學者劉楚華於〈神秀和尚示語試譯〉一文中對此提出幾種可能的擬答：「一、入則不得；二、入不得，不入亦不得，無入無人不入；三、出入皆可，了無障礙。」第一層次是最基本的，以為有個主體可以進入牆壁（佛法），結果將無法認識到佛法的面貌。第二層次則是已認知到以為有個主體可以穿越牆壁（學習佛法）是不正確；但是，若不以此進入佛法學習的基礎，也仍然無法成功。這一層次表示，對於佛法已有基礎的認識，處於解消主體、排除執實為有的階段。

第三層次則描述了得道後圓融無礙的境界，亦即並無任何主體、實有的觀念，與牆壁（佛法）之間本來就是沒有任何隔閡障礙，所以可以來去穿透自如。如同《楞伽經》中「石壁無礙」的典故，佛陀告訴大慧云：「意生身者，譬如意去，迅疾無礙，故名意生。譬如意去，石壁無礙。」意生身指的是初地以上之菩薩為了濟度眾生，依「意」所化生之身，非父母所生之身體。由於菩薩心通法理，無礙自在，如同意念化身一般，不受色身束縛，故能自在穿透石壁。

九、菩薩從無邊中來

又云：「《涅槃經》說：『有無邊身菩薩從東方來。』菩薩身既無邊際，云何更從東方來？何故不從西方來？南方、北方來？可即不得也。」

此處引用《涅槃經》關於無邊身菩薩的講解。既然是無邊身菩薩，又怎麼會有東方來的說法呢？神秀以《涅槃經》作為經證，旨在打破所謂的方位概念：方位是相對而產生，不可執著於某個固定的方位，故所謂「可即不得也」。須離開絕對的方位概念，才能透顯佛法的真義。

神秀的菩薩戒

從〈大通碑〉記載：「少為諸生，遊問江表，老、莊元旨，《書》、《易》大義，三乘經論，四分律儀。」可知神秀在年少時便精通四分律儀，《傳法寶紀》也提到：「二十受具戒，而銳志律儀，漸修定惠（慧）。」指出神秀受具足戒後，更立志研究佛教的戒律。再參照《宋高僧傳》：「初以戒律飾躬，後以禪定為務」的記錄，可看出神秀作為僧人對於戒律的遵守與實踐。

在敦煌出土的文獻資料〈秀和尚勸善文〉、〈秀禪師七禮文〉都能窺見神秀宗門拜佛禮懺、受菩薩戒、打坐等戒儀的內容，而神秀的菩薩戒主要依據經典為《梵網經》系的戒本，將一切戒行歸於自心，也就是所謂的持心戒，並呈現「以心懺悔」的核心要旨。如《大乘無生方便門》說：

……我今至心懺悔，願罪除滅永不起。……三業清淨，如淨琉璃，內外明徹，堪受淨戒，菩薩戒，是持心戒，以佛性為戒。心瞥起即違佛性，是破菩薩戒。護持心不起，即順佛性，是持菩薩戒。

值得留心的是，傳統討論神秀的菩薩戒，或以為有罪可滅等，而將神秀所傳的戒律認為是流於「有相」，遂僅將其列為「漸修」禪法。如前所述，「惠能批評神秀坐禪方法的再思考」曾提及，神秀修行法門是把頓悟立足於漸修之上，從「一念淨心，頓超佛地」一句可知，達到一定境界之後，即可頓悟成佛；只是，神秀闡述了更多成佛的過程與具體修行方法，其對頓超的看法並非與惠能有異。

此外，在〈秀禪師七禮文〉也有如是文字：

一切眾生皆是佛，好惡長短不須論；
只為眾生不識體，賈（假）立經像遺思官。
未識法時經上覓，未識佛時像上覓；
識佛識法成真行，泥堪經卷不相干。
除色除聲不肯學，逐名逐相結為輔；
若作此心求藉滅，與諸聖教不相應。

由引文可知，眾生皆是有佛性的；或可說，眾生的自性皆是佛性。只是，在未見自性前，須通過經教文字、禮佛等具體實作去尋覓、學習，形成逐漸修行而成佛的過程；但這並不一定等同於執著具體修行方法的表象，或是能力較差、等級較低者的選擇。

雖然本章前述提到對治三毒、六賊等，但應當思索的是，這些都是初學者的方便引導；並非一談到具體方法，就是其忽略了「回到本心」才是最重要的。

從神秀對於自心、真如的重視，已可得知，他是在此基礎之上闡述各種實作的方法與情況，以應對不同根器的眾生。如《觀心論》提及此道理時所云：

愚癡眾生不會如來方便之說，專行虛妄，執著有為，遂然（燃）世間蘇油之燈以照空室，乃稱依教，豈不謬乎？

對應愚癡的眾生，不能立即領會高超境界的佛法道理，只是虛妄地空談心性，或是執著於外在的行為表現，都是錯謬的見解。不論是儀式或方法，都有是否相契的機緣，能夠契合於真如、自心，才是好的修行之方；當然，若根器高者能直接了悟自心，神秀也不排斥這樣的作法。

《大乘無生方便門》中的「五方便」

在《大乘無生方便門》中，神秀將五個方便法門與經教聯繫起來，通過融通佛教經典，用靈活的方式來論述覺悟的要旨，稱為「五方便」或「五方便門」。五方便呈現出「方便通經」（註八）的特色，可說是繼承了菩提達摩「藉教悟宗」的方式——

一、「總彰佛體門」

主要依據《大乘起信論》而立，又稱為「離念門」。

本章先前提到觀心看淨具體實作時，和尚指導佛子從不同方位、角度，要平等而盡虛空地看，佛子答以「一物不見」（見「觀心看淨」一節引文），這樣看淨就是離念，「是佛身心得離念」。接著詳細地解說，使修行者認識什麼是「佛」：

清淨無有相，常令不間斷，從此永離障。眼根清淨，眼根離障，耳根清淨，耳離根障，如是乃至六根清淨，六根離障，一切無礙是即解脫。不見六根相，清淨無有相，常不間斷，即是佛。

此指清淨的境界不間斷地維持，沒有固定的形象、遇到任何情況都可以看做是清淨的，才能永遠離開遮蔽、障礙，而不是在獨立的地方尋找清淨。六根若皆能清淨，就達到解脫的佛境界。

神秀又說「身心不起，常守真心」，則能與真如相應。什麼是真如呢？《大乘無生方便門》曰：

心不起，心真如；色不起，色真如。心真如，故心解脫；色真如，故色解脫。

心色俱離，即無一物，是大菩提樹。

色在此為色身的意思；心、色不起意指身心不生起任何念頭，則不落於染淨的區別，而能持守於真如的狀態，也就相當於身心都解脫了。心色若皆能解脫、超離，則沒有任何繫縛，就如同具備大乘智慧的菩提樹。

關於「佛」的詮釋，五方便的解釋或可簡易呈現為：佛‖覺‖離‖離念‖心色俱離，此處也有將解脫視同「成佛」的意思。如總彰佛體門所云：

佛是西國梵語，此地往翻名為「覺」。所言覺義者，心體離念，離念是佛義、覺義。略釋佛義，具含三義，亦名印心方便。

佛的三義就是「自覺」、「覺他」、「覺滿」，與前面提到的心色俱離呼應。總彰佛體門接著說：

離心自覺，不緣五根；離色覺他，不緣五塵；心色俱離，覺行圓滿，即是如來平等法身。

這裡的解釋和「三覺」的原意並不相同。(註九) 此處將「離心」名為自覺，「離色」名為覺他，「心色俱離」名為覺滿。其意有將心與色看做相對的傾向，亦即離心的心指自身，而非真如、自心；離色的色指外境、對象的物質表現。所以兩者都必須遠離，才能證悟如來平等法身。

總彰佛體門圍繞「離念」、「離心」、「離色」來解說法界、如來義、法身佛、化身佛等名相，將佛、覺、離等進行會通，目的是要使人認識到自己的自心，使之與佛性契合。

二、「開智慧門」

主要依據《法華經》而立，也援引《維摩詰經》、《金剛經》、《遺教經》、《華嚴經》等，又稱為「不動門」。

「開智慧門」延續離念門，認為「離念是不動」，本章主軸是從「身心不動」和「由定發慧」兩大部分來進行闡釋。「開智慧門」說：

此不動是從定發慧方便，是開慧門，聞是慧。此方便非但能發慧，亦能正定，是開智門。是名開智慧門。……智用是知，慧用是見，是名開佛知見。知見即是菩提。……心不動，是定、是智、是理；耳根不動，是色、是事、是慧。

從引文可知，所謂「不動」是包含身心兩方面。「心不動，是定、是智、是理」，就是智慧的根本、根源；至於「耳根不動，是色、是事、是慧」，則應是以耳根作為六根之代表，泛指知覺的所有狀態，也可說是「六根不動」，是基於心不動而產生的感官知覺。感官雖然有所知覺，需與外界接觸，但不被外界所干擾，才是六根不動，並非六根完全不發揮作用。也可以由「體用」理解身心之不動，亦即「心不動」是體、「耳根不動」是用；若能達到身心皆不動，即是證得開智慧門。

同時，我們可參照《壇經》記載惠能對臥輪禪師的批評，〈機緣品〉中有人傳誦偈詩曰：「臥輪有伎倆，能斷百思想，對境心不起，菩提日日長。」而被惠能認為是繫縛，並同時示偈以對：「惠能沒伎倆，不斷百思想，對境心數起，菩提作麼長。」雖然不知臥輪禪師是何許人也，但後世推測應該是北宗的門人。

對比兩首偈文，可以看出臥輪禪師重視修行方法，對於各種邪思雜念對症下藥，保持心念不生起，即可日日增長智慧。而惠能則是將修行的工夫與各種念頭收攝在自己的心性之中，不預設要斷除任何惡念玄想。將惠能與神秀的思想對照來看，可以再次發掘惠能與神秀皆是將修行的核心、根源推向心上去做工夫，而神秀在此基礎上，拆解更多的方法以應對修行過程的各種情況，不須將兩者視為截然不同的立場。

回到開智慧門來看，其中列出三種根機之別：「凡夫有聲即聞，無聲、聲落謝，不聞；二乘有聲、無聲、聲落謝，不聞不聞；菩薩有聲、無聲、聲落謝，常聞。」一般人（凡夫）只能透過耳朵聽到聲音，在沒有聲音或聲音已經消逝的情況下，凡夫無法聽到。

聲聞、獨覺二乘修行者因為修解脫道，關閉六根與外境的作用，所以對於任何與聲音相關的事物，全都不去接觸，以免影響修行。完整的段落是：

是慧於耳根邊證得慧，昔所不聞而今得聞，聞已心生歡喜，歡喜即動。畏動執不動，滅六識，證空寂涅槃。有聲、無聲、聲落謝，不聞不聞。貪著禪味，墮二乘涅槃。

所以可知，二乘若聽聞以往未曾聽過的佛法而得證智慧，容易於心中生起歡喜的意念；一旦如此動心，則又會執著於追求不動的狀態，再去消滅六識的作用，以為這樣就是證得涅槃——這就是二乘不聽聞所有聲音的原因。如此固然可以不受外界干擾，但這將導致以為禪定是一種依靠歡喜而追求的狀態，是貪著於禪定的滋味，所以只能墮入低層次的涅槃。

菩薩比起二乘則更高了一層：常聞「有聲、無聲、聲落謝」，不論聽聞什麼聲音，皆不受影響。完整的說明是：

菩薩開得慧門，聞是慧，於耳根邊證得聞慧，知六根本來不動。有聲、無聲、聲落謝，常聞。常順不動修行，以此得方便，正定即得圓寂，是大涅槃。

菩薩已經通達了知智慧，知道六根本來可以就不受外境影響，亦即感官可以與任何外境接觸，但心念並不會因為收攝什麼對象，就隨之起伏跌宕。雖常聽聞諸般聲音，但是心順著不動而修行，六根如何運用都不能干擾不動的心，不需像二乘一般，藉由歡喜的情意推動禪定而證得涅槃。因此，菩薩證得的涅槃才是高階的、圓滿的。由此也可得知神秀所舉的耳根只是六根中的一個例子，對於所有的感官，都可依循這一道理而思索、修證。

在開智慧門中，神秀對於開、示、悟、入（註一〇）四個概念也給予了不同的解釋：

不動為「開」，聞是「示」，領解是「悟」，無間修行是「入」。「開、示」屬佛，「悟、入」屬修道人。

身心不動，就是「開」；不拒所有事物而皆能聽聞，就是「示」；由定發慧的領解是「悟」；無間斷地修行，則是「入」。經由上述可知菩薩「常聞」、「常順不動修行」，是佛境界的修行者；而凡夫或二乘人還在修道學習的位階，必須加強領會，不間斷地修行，時刻提醒，才能繼續往上升晉。

經由開智慧門的梳理，神秀區分了凡夫、二乘、菩薩的區別，並且分析修行方法與境界的差異，又拆解開、示、悟、入的意涵，對應不同根器的修行者。如果我們稍加推測，當可知若由惠能說法，將會採取簡易直截，一律由本心、佛性入手的方式，而不如神秀對於不同對象的分析與梳理。

三、「顯不思議門」

主要依據《維摩詰經》而立。

什麼是「不思議」呢？「心不思，口不議，通一切法，從諸解脫，至入不二法門。」不思議可以理解為「無念」、「不可思議」，這是在直觀中才能證悟的真理或境界，不能用語言文字、概念符號表達。至於「思議」，則是心對外境的種種分辨、攀緣、造作，如同在分別對象為何物時，會用語言文字表達；而不論怎麼表達，總不能窮盡事物本身的內涵。因此，一旦思議對象，將會造成思想、觀念的束縛與限制。

「顯不思議門」說：

起心思議是縛，不得解脫；不起心思議，則離繫縛，即得解脫。心不思，心如是智；口不議色，如是惠（慧）。

此處主張不論是修行、或是對待任何事物，都應無思無想，不刻意為之，不蓄意捨棄，讓淨心不動、染心不起，不生起任何心念就能得到解脫。這裡的「心不思」是智與「口不議色」是慧，即相當於開智慧門所說的「心不動」是智與「耳根不動」是慧，口與耳根同樣可理解為泛指六根等感官。於此，再次看到神秀將身心對照智慧的作法。

在「顯不思議門」中，列出十種不思議解脫：

第一、世界不思議；第二、眾生不思議；第三、時運不思議；第四、四大不

思議；第五、五陰不思議；第六、心識不思議；第七、虛空不思議；第八、

佛性不思議；第九、佛身不思議；第十、解脫不思議。

對於任何對象、概念皆不思議，就是不借用任何名言去理解這些概念的內涵；透過修證而直接通達了悟道理，即可得知這些道理本身都是深奧廣大而無邊際，可以解釋世間的任何情形。「顯不思議門」就是為了彰顯這一層道理而進行的闡發。

四、「明諸法正性門」

依據《思益梵天所問經》（註一一）而立。

什麼是「諸法正性」呢？《思益梵天所問經．分別品第三》云：

網明（菩薩）言：「何謂為諸法正性？」

梵天言：「諸法離自性、離欲際，是名正性。」

對於「離自性」、「離欲際」、「諸法正性」的論述，神秀引用《達摩和上（尚）解》的觀點來解說：

心不起離自性，識不生是離欲際，心識俱不起，是諸法正性。如水大流盡，波浪即不起，如是意識滅，種種識不生。

引文中前四句直接解釋「諸法正性」，意指：如果心不發動，遠離自我的認知，眼、耳、鼻、舌、身、意等「六根」面對色、聲、香、味、觸、法等「六塵」時能不生起意識，就不會因攀緣而生起欲望；心與識皆不造作，則是正確的諸法本性。

後四句是出自《楞伽經》，以水流的波浪譬喻因緣變化。若河水流盡了，也就沒有波浪了；同樣地，若是能做到六根面對六塵時不生起意識，則種種分別妄想也都會熄滅、不生起。

五、「了無異自然無礙解脫門」

主要依據《華嚴經》而立，又稱為「了無異門」、「了不異門」、「見不異門」。

「了無異門」發揮《華嚴經》「萬物相融」、「圓融無礙」的思想。此門說：

無相法中，無異無分別，心無分別故，一切法無異。長短無異，自他無異，凡聖、生死、涅槃、解縛、親疏、苦樂、違順、三世、愚智，並皆無異。了無異，自然無礙解脫道。

在無相法中，沒有相的差異，心也沒有分別，對待任何概念、對象，都以自心觀照，不受束縛與限制，這就是無障礙的解脫之道。

吾人或可如此理解：煩惱即菩提、生死即涅槃、眾生即本覺，正如「了無異門」所言：「眼是無障礙道；唯有知見獨存，光明遍照，無塵來染，是解脫道。」達到這種境界時，已經不是使用眼睛等肉身的感官去看待外境，而是以正確的知見，看到種種事物都是圓通融和的，在根本、因緣上都是光明無塵而清淨的，這才是真正的解脫之道。

【註釋】

註一：在理解神秀對「心」的看法時，我們應當把握「真如」與「真如之心」的不同。依據上引《觀心論》所載：「了見自心起用有二種差別。云何為二？一者淨心，一者染心；此二種心，法界自然，本來俱有，雖離假緣，合互相待。」表示「自心」起用之後生出「淨心」與「染心」，而且淨心與染心是本來皆有，會互相影響。而後又說：「若不受所染，則稱之為聖，遂能遠離諸苦，證涅槃樂；若隨染心造業，受其纏覆，則名之為凡，沉淪三界，受種種苦。何以故？

由彼染心障真如故。」此中的「若不受所染」與「若隨染心造業」的主詞應為「真如」，才符合「染心障真如」的意思。既然自心可以生出染淨二心，淨心承繼真如而有離苦得涅槃的境界，染心則障蔽真如而輪迴受苦；由此可推知，神秀所說的自心等同於真如。

依上所述，最上層的根源是「真如」，即「自心」，也就是清淨的佛性、成佛的可能與依據。自心起用後才有種種差別，落實到現實世界的發用，方有染、淨之別。「真如之心」是起用、發動之後的狀態或動作，亦即神秀所說的「淨心」；至於「真如」，則是一超越染淨的根源狀態。從根源上說，即是「真如」生出「淨心」（「真如之心」）與「染心」。

註二：《十地經》，梵名 Daśabhūmika Sūtra，為《華嚴經・十地品》之別譯，又稱《十住經》。其內容係金剛藏菩薩承佛威神力，為解脫月菩薩宣說菩薩修行的十個階位（十地）之法門，稱為「集地智慧功德法門」。相傳經文難解，鳩摩羅什在翻譯時猶豫月餘仍未能動筆；與佛陀耶舍商討之後，方能明確經文義理詞句。異譯本有西晉竺法護所譯之《漸備一切智德經》、唐代尸羅達摩所譯之《十地經》。釋論有龍樹之《十住毘婆沙論》十七卷、世親之《十地經論》。

註三：身見，梵名 sakkāya-ditthi，指「五見」中自身為實我之邪見，亦即「我見」。五見指的是在根本煩惱中的五種邪見，此五種為——

「身見」：執著於「我」的存在，不知身為五蘊和合之假。

「邊見」：偏斜於一邊的惡見，執取死後斷滅之「斷見」，或死後常住不滅之「常見」。

「邪見」：不正的執見，否認有因果業報的存在。

「見取見」：執著於不合乎正法的外道見解。

「戒禁取見」：執著於不正確的戒律或禁制，並誤以為能因此達到涅槃。

註四：此處「六賊門」意指六根，即眼、耳、鼻、舌、身、意。

佛教將構成「欲界」、「色界」與「無色界」等三界的所有官能元素，分成十八個範疇，總稱為「十八界」，這十八界便由「十二處」與「六識」所構成。

「十二處」指佛教將眾生攝取資訊的感官及對象整理為十二個，分別為「六內入處」的眼、耳、鼻、舌、身與意內入處，又稱為「六根」；前五者相當於感官，也有認為是較細微的感官神經，而「意入處」則是綜合、分析各種資訊的能力。「六外入處」又稱「六境」、「六塵」，指的是色、聲、香、味、觸與法外入處，意指感官所對應的六種對象，例如：「眼內入處」所看到的，就是顏色、形狀等「色外入處」的顯現。「十二處」加上眼、耳、鼻、舌、身與意等「六識」即為「十八界」。「六識」指的是「六內入處」捕捉到「六外入處」時所產生的分別認知、分析、判斷、思考等動作。

註五：印順法師在《中國禪宗史》中指出：「『觀心破相』，是禪者對經中所說的法門，用自己身心去解說。無論是否妥當，東山門下是這樣的。禪者不從事學問，對經中所說的，只能就自己修持的內容去解說。禪者大抵重視自己，不重法制事相，終於一一銷歸自己。這一類解說，與天台宗的『觀心釋』有關。天台的禪觀是從北土來的，所以這可能是北地禪師的一般情況。在佛法中，有『表法』，認為某一事相，寓有深意，表示某種意義，這是印度傳來的解經法。充分應用起來，那末佛說法而先放光，天雨四華，都表示某種意義。香，華，甚至十指，合掌，當胸，偏袒右肩，也解說為表示某種意義。」

我們可以同時參照聖嚴法師在《菩薩戒指要》中提到禪宗「以心為戒」，對戒律提出適應性的調整和活用，能更好地理解禪師傳法的善巧方便。如其所言：「中國禪宗一開始便不是依律而住，依律而行，倒是掌握了佛法的命脈，心淨即是持戒。至於日常生活的應對作息，雖不刻板地如律持戒，卻也不會放逸亂行，相反地是在活學活用之間，表現出簡樸精勤、威儀齊整，所以是恰到好處地適應了時空的情況。」

《觀心論》中廣泛地發揮觀心破相的解釋方法。除了正文所列之外，像是對於「三界」的解釋，原意應是「欲界」、「色界」、「無色界」；但《觀心論》則說三界就是三毒心，以貪為欲界、瞋為色界、癡為無色界的引伸闡釋。藉此可合理地解讀神秀的作法，是在既有概念的基礎上，打破原本概念的表象意義與內涵。由於要對治的是三毒心；因此，對於神秀而言，舉凡佛法中關於三毒心這一概念相關的法門，如三界、三聚淨戒等，皆可適當地改變其意，進而發揮修行的功能。正文提及的六波羅蜜能「轉六賊」、「淨六根」，也是同樣的道理。當然，在閱讀神秀著作與相關佛典時也必須理解到，有些義理的闡發若與佛典差距較大，則應能辨別兩者的差異，以免誤執一端為真理而另一端為錯解。

註六：「狂禪」意指因學禪不當而流於狂妄者。原指部分陽明（王陽明）後學者空談良知、不務實學，後引申至形容禪宗末流的流弊。狂禪大約出現於明朝後期，一味強調直指人心，而不事修持，動輒呵罵佛祖、空言知見，而以為一切外在行為都不重要；即使呵佛罵祖，只要內心清淨仍可成佛。這些行為導致佛教被誤以為如部分陽明後學般，只是空談心性，但這種行為十分有待商榷；至少，在佛法基本要求的身、語、意三方面皆應清淨，不應該以特立獨行的表現方式，強調這是普遍共通的佛教修行方法。

註七：《瓔珞經》，全名為《菩薩瓔珞本業經》（Bodhisattva keyūra mūla karma sūtra），又稱《瓔珞本業經》，或簡稱《瓔珞經》、《本業經》，竺佛念譯於姚秦建元十二至十四年（西元三七六至三七八年），凡二卷。經文敘說菩薩階位及其三聚淨戒等之因行。「瓔珞本業」乃華嚴系統之用語，故本經與華嚴之教相相合之處甚多，尤以立「十信」、「十住」、「十行」、「十迴向」、「十地」、「無垢地」、「妙覺」等五十二位菩薩行位而有名。全經分八品：〈集眾品〉、〈賢聖名字品〉、〈賢聖學觀品〉、〈釋義品〉、〈佛母品〉、〈因果品〉、〈大眾受學品〉與〈集散品〉，以闡述菩薩之階位及修行。

在〈大眾受學品〉敘說「三聚淨戒」，以八萬四千法門作攝善法戒；以慈、悲、喜、捨四無量心作攝眾生戒；以十波羅夷作攝律儀戒（此十波羅夷與《梵網經》之十重戒相同）。《瓔珞經》受《梵網經》影響甚深，其三聚淨戒之內容，均屬大乘戒。特點在於菩薩戒有受法而無捨法，一得永不失；即使犯波羅夷戒，亦不失戒體，並主張戒以心為體。

有學者考證，《瓔珞經》在印度並無史實根據，於中土自《法經錄》以來之一般經錄，皆載為姚秦之譯經家竺佛念所譯。然而，《出三藏記集》之譯經部分則無本經之名，而將之列於失譯雜經錄之中；《歷代三寶記》載本經除竺佛念譯之外，尚有宋代智嚴所譯。而近代有學者根據譯者之不確定，並經由經文之分析，主張《瓔珞經》乃佛教傳入漢地之後所撰述。

註八：「方便通經」一詞出自宗密（華嚴五祖、荷澤宗禪師）所疏的《大方廣佛圓覺經大疏》，指出神秀禪法特點為：「拂塵看淨，方便通經。」「拂塵」，意為掃除心中的塵埃、對治世俗種種煩惱；「看淨」，則是藉由觀心認識並且保持原有的真如清淨。「方便通經」亦即以方便善巧的方式會通經教，具體呈現在「五方便」中。

註九：三覺的原意為——
自覺：謂覺知三世一切諸法常、無常等，悟性真空，了惑虛妄，功成妙智，道證圓覺。

覺他：謂運無緣之慈，度諸眾生，令離生死苦，得涅槃樂。
覺行圓滿：又作覺滿，謂三惑淨盡，眾德悉備，位登妙覺，行滿果圓。
阿羅漢具自覺，菩薩具自覺、覺他二覺，佛具三覺。

註一〇：依《法華經．方便品》載，諸佛為一大事因緣而出現世間，即為令眾生「開、示、悟、入」佛之知見而出現於世間。《法華文句》中，以「四位」、「四智」、「四門」、「觀心」等四種不同立場，闡釋開示悟入之理，並一一配列。
開、示、悟、入的原意為：
開：開發之意；即破除眾生之無明，開如來藏，見實相之理。
示：顯示之意；惑障既除則知見體顯，法界萬德顯示分明。
悟：證悟之意；障除體顯後，則事（現象）、理（本體）融通而有所悟。

入：證入之意；謂事理既已融通，則可自在無礙，證入智慧海。

註一一：《思益梵天所問經》，梵名Viśesacintabrahma-pariprccha，凡四卷。略稱為《思益經》、《思益梵天問經》、《思益義經》，為後秦鳩摩羅什譯。這部經典概述佛陀為網明菩薩與思益梵天等諸菩薩說諸法空寂之理。異譯本有西晉竺法護之《持心梵天所問經》（又稱《莊嚴佛法經》、《莊嚴佛法諸義》）、北魏菩提流支譯之《勝思惟梵天所問經》（又稱《勝思惟經》），皆是同本。注疏本有道安所疏之《持心梵天經略解》、賢明所疏之《注思益經》、圓澄所疏之《思益梵天所問經簡註》等。

參・神秀之弟子及法脈傳承

天下坐禪人，歎四箇（個）法師曰：「法山淨，法海清，法鏡朗，法燈明。宴坐名山，澄神邃谷；德冥性海，行茂禪林；清淨無為，蕭然獨步；禪燈默照，學者皆證佛心也。」

〈大通碑〉中以「升堂七十，味道三千」形容神秀門下人才濟濟，北宗在唐代對中土的影響，是達到「人皆仰之」的盛況。若以神秀入京期間（約為久視元年至二年，即西元七〇〇年左右）起算，在中原地區，仍存有第六代北宗法脈嵩山照禪師的記錄（見於《景德傳燈錄》卷四）。（註一）神秀以至其所傳的北宗禪法，影響中國長達兩百餘年，可說是唐代範圍最大、最廣的佛教宗派。

根據《景德傳燈錄》記載，神秀有法嗣十九人，分別是：「五臺山巨方、河中府中條山智封、兗州降魔藏、壽州道樹、淮南都梁山全植、荊州辭朗、嵩山普寂、大佛山香育、西京義福、忽雷澄禪師、東京日禪師、太原遍淨、南嶽元觀禪、汝南杜禪師、嵩山敬禪師、京兆小福、晉州霍山觀禪師、潤州茅山崇珪及安陸懷空」等人。若以神秀大師為北宗第一代，其後衍傳的第二代門人以普寂、義福、敬賢、惠福四大弟子最為知名，《楞伽師資記》載曰：

洛州嵩高山普寂禪師、嵩山敬賢禪師、長安蘭山義福禪師、藍田玉惠福禪師，並同一師，法侶應行，俱成大通和上（尚）後。少小出家，清淨戒行，尋師問道，遠訪禪門。行至荊州玉泉寺，遇大通和上（尚）諱秀，蒙授禪法。諸師等奉事大師十有餘年，豁然自證，禪珠獨照。大師付囑普寂、敬賢、義福、惠福等，照世炬燈，傳頗梨大鏡。

「頗梨」梵名 sphatika，是佛教七寶（註二）之一，指玻璃、水晶之類的珠寶；佛教常用這類寶石表示佛土的珍貴、莊嚴，也喻指透明清淨，可照見萬法的根本。頗梨大鏡即是指傳法的鏡子，表示弟子以此鏡清晰地映照自身與外境。這四位禪師皆親隨神秀並獲囑咐，師父圓寂後，篤行持修，弘揚佛法。《楞伽師資記》也描述了天下人是這樣稱頌四位法師的：

> 法山淨，法海清，法鏡朗，法燈明。宴坐名山，澄神邃谷；德冥性海，行茂禪林；清淨無為，蕭然獨步；禪燈默照，學者皆證佛心也。

他們所傳之法，如高山般悠遠，如海水般清淨，如明鏡般可鑑，如明燈般澄明。四位大師們在山中修行獨步，藉由禪觀領悟清淨無為的自性，讓受學者也能他們的指導下，印證佛心，達到覺悟。

北宗傳至第三代時已遠播吐蕃，到了第四代更傳至朝鮮、日本，弘布區域深遠。本章將簡介神秀所傳弟子及北宗後代重要法脈，同時略述北宗禪在域外流布的情況。

嵩山普寂

若論影響力和盛名者，四大弟子中首推普寂禪師。普寂（西元六五一至七三九年）俗姓馮；李邕在〈大照禪師塔銘〉（下簡稱〈大照碑〉）中說，其先祖「食采馮城」（即獲賜封邑，以馮城的稅收為俸祿），是以姓馮。普寂的祖籍是長樂郡信都縣（今河北省衡水市），「長樂馮氏」是古時著名門閥，後來移居至蒲州河東（山西永濟）。

普寂年輕的時候曾經四處遊學，到過大梁、許昌等地，並博覽儒家《周易》、《尚書》、《詩經》典籍；然而，他不滿足於對儒家思想的學習。於是，先到大梁從壁上人學習《大乘起信論》、《法華經》、《成唯識論》等，後來在東都端和尚處受具足戒，又跟隨南泉景（弘景）和尚學習戒律。普寂對於禪宗、天台、華嚴、律諸宗皆精通，他也被稱為「華嚴和尚」、「華嚴尊者」。

貞觀年間，普寂隱居於半巖室，過著「布褐一衣，麻麥一食」的頭陀行。在修習佛法的過程中，普寂產生了「文字是縛，無有是邊，盍不以正戒為牆，常智為座？」之嘆，深感許多人將佛教義理落入文字表象的解讀，鑽研文字，以為字詞字義的內容沒有邊界，遂陷溺於其中而無法透顯佛法深刻的內涵與智慧。因此，他決定以持戒禪修的方式，嚴格要求修行的範圍，但以智慧為核心的指導原則，不執著於文字、戒律的表象。

普寂原本打算去嵩山少林寺投入法如的門下；想不到，還沒抵達，就聽聞法如禪師遷化的消息，「追攀不及」，遂轉前往荊州玉泉寺神秀門下參學。

普寂在神秀門下學習七年（一說六年）。當他抵達玉泉寺時，便迫不及待地向師父諮稟請教，而神秀則以詩偈開示：

寶鏡磨拂，萬象洒呈；
玉水清澄，百丈皆見。

這首簡短的詩偈與神秀〈無相偈〉的道理一致：「身是菩提樹，心如明鏡臺；時時勤拂拭，勿使惹塵埃。」亦即指點普寂應將如寶鏡般的身心時時刻刻琢磨、擦拭，光亮透明之後，自身即可照映萬事萬物，乃至於百丈深的水潭，也能清澈照見。從「磨鏡」到「萬象」呈現，用以比喻修行的過程，吾人通過勤勞用功掃除妄念，讓先天具有的佛性，如同寶鏡般呈現而出。

依據〈大照碑〉記載，神秀教普寂先研讀《思益梵天所問經》，次以《楞伽經》為要，告訴他這兩部經是修禪的重要依據。在神秀的指導下，普寂悟得「淨心」的要義，在神秀身邊擔任僧使，處於僻陋虺蜮之處，行人之所不能行。〈大照碑〉記載普寂：

> 心無所存，背無所倚，都忘禪睡，了悟佛知。兩馬一車，進念同轍；一鳥二翼，定慧皆空。

由引文可知，普寂行住坐臥都可以修頭陀行，無所依靠、不須休息亦皆能甘之如飴，已經達到「定慧皆空」，不執著於定、慧的狀態，因此很是受到神秀器重。

普寂正式受度是在神秀入京時予以推薦，到了長安年間（西元七〇一年至七〇四年）受派到嵩岳寺修行。神秀圓寂後，普寂獲唐中宗欽定代為統領禪門。開元十五年（西元七二七年）唐玄宗敕令普寂「留都興唐寺（即敬愛寺，另一說為華嚴寺）安置」，遂以此寺為中心在嵩洛地區宣法。

史書說普寂個性寡言，容貌嚴肅而不和善，卻因此而有莊嚴感，獲人敬重，如《舊唐書．方伎傳》云：「時王公士庶，競來禮謁。普寂嚴重少言，來者難見其和悅之容，遠近尤以此重之。」從他的生平及言行觀之，我們或可推知，普寂是一位持戒謹慎卻不執守形式的禪師，更多的是以智慧為前導，在修持中向內心探求，躬身實踐佛法。

普寂弘化影響廣及道俗。例如，與南、北二宗禪師皆有來往的著名詩人王維，其母親崔氏師事普寂三十餘年，受普寂影響持戒坐禪；河南尹裴寬更是「旦夕造謁」，形成了「言禪寂者宗嵩山」的風氣。

開元二十七年（西元七三九年），普寂於興唐寺圓寂，僧臘五十二，世壽八十九歲，獲謚為「大照禪師」。裴寬與妻子在喪禮上「並縗麻列次於門徒之次」，士庶們因普寂禪師入滅泣淚如雨，傾城哭送。在李邕的〈嵩岳寺碑〉和《楞伽師資記》中，所列的法系都是採神秀繼承弘忍、普寂繼承神秀的說法，足見其地位之高。

〈大照碑〉論及普寂思想為：

其始也，攝心一處，息慮萬緣，或剎那便通，或歲月漸證。總明佛體，曾是聞傳；直指法身，自然獲念。滴水滿器，履霜堅冰，故能開方便門，示真實相（另作「示直實相」）。入深固藏，了清淨因；耳目無根，聲色亡境；三空圓啟，二深洞明。

從「攝心」和「息慮」可以看出普寂禪法與神秀思想一脈相承，亦即通過坐禪收攝心念，使妄念不起，不對萬境攀緣，或立即頓悟（「剎那便通」）、或是漸悟（「歲月漸證」）；證悟或遲或速，乃因根基不同，而非修行方式或學說立場之別。至此可以再次證明，神秀所傳法脈，其實並非執守於漸修法門，而是頓悟與漸修應依根器的差別而開展，其思想不似後世所以為的那般與南宗禪對立。

普寂體認到，修行的努力目標都是要解脫成佛；完全明白佛法的根本、全體內涵（「總明佛體」），意即明白覺悟的根源在於人人本有的佛性；依此修行，就能直指法身，自然而然達到成佛的目的。普寂以「滴水滿器，履霜堅冰」譬喻修行過程：如滴水點點滴滴積累，有朝一日將盈滿容器；亦如同腳踩踏著雪，就能知道隆冬結冰之日即將到來；這些都是漸進的過程。若能明白這些道理，就能知曉種種方便善巧、各種修行方法都可以依個人情況方便運用，都是為了啟發智慧，進而證悟真如實相。

所以，通過深入地學習經典（「入深固藏」），明白佛性清淨，進而認識到諸法皆空；不論耳朵、眼睛等感官（「根」），以及聲色等對象、外境（「境」），皆是空無自性，不可執實為固定的存在；從而達到「空」、「無相」、「無願」之三解脫，並「二深洞明」——明白通曉「人無我」與「法無我」(註三)的深理。

開元二十七年（西元七三九年），普寂示寂，〈大照碑〉載其遺訓：

吾受託先師，傳茲密印，遠自達摩菩薩導於可，可進於璨，璨錘於信，信傳於忍，忍授於大通，大通貽於吾，今七葉矣。尸波羅蜜是汝之師，奢摩他門是汝依處；當真說實行，自證潛通。不染為解脫之因，無取為涅槃之會，諸生殊不知其故，嗚呼！

引文先歷數祖師世系，接著強調當以「尸波羅蜜」（即持戒）為師，以「奢摩他」（梵語 śamatha，意為禪定、等持，又譯為「三摩地」）為依歸，足見普寂對戒律的重視。如前所述，普寂雖重視持戒，但從這裡的「不染」、「無取」可知，普寂並非固守於既定的戒律形式，而是以智慧導向解脫、成佛，通達地將戒律做為修行成佛的資糧。

出自普寂之下的重要法脈，除了著名的一行禪師以外，還包括日、韓之高僧——

一行禪師

神秀圓寂後的三十餘年，在普寂、義福的共同努力下，使「兩京之間，皆宗神秀」。根據〈大照碑〉記載，普寂門徒「攝之孔多，學者彌廣，故所付諸法，不指一人」。普寂的弟子中，以一行禪師最為知名。

一行禪師（西元六八三年至七二七年），又稱為「一行阿闍梨」（梵語ācārya之音譯，意為長者、長老）唐朝人呼其為「一公」。一行是歷史上著名的高僧，同時也專精天文曆算法。其俗姓張，名遂，直隸鉅鹿（今河北省鉅鹿縣；《舊唐書》則載其原籍魏州昌樂縣，今河南省南樂縣境）人。出身顯赫，曾祖張公謹曾於玄武門之變輔佐唐太宗登基，後來家道中落。

《舊唐書》說一行禪師天資聰穎，少時愛好經史，博學強記。據傳，他只花了幾天時間借閱揚雄的《太玄經》(註四)，便據此寫出了《大衍玄圖》和《義訣》，因而得到名家尹崇的讚揚，聲名大噪。史書說，當時武三思（武則天之姪）想與一行結交，但被一行鄙視，且因而躲藏不見。

關於一行的出家事蹟，《舊唐書》說其「隱於嵩山，師事沙門普寂」，而日僧最澄的《內證佛法相承血脈譜》則記載：

（一行）年二十一，父母俱歿，豁然厭世，懷方外之心。因遇荊州景禪師（弘景），欣樂出家。為性疏曠，不事服飾，從嵩山大照禪師（普寂）咨受禪法。

雖然史料中關於一行出家的原因各不相同，但可以確定的是，一行是普寂門下的弟子。

一行的法名緣自其對於「一行三昧」要義的深入理解（相傳為普寂賜名）；隨普寂出家後，他又到當陽向悟真律師學律。開元年間，唐玄宗敕令一行入朝，要求他協助天竺密宗高僧善無畏翻譯佛經，完成《大毗盧遮那成佛神變加持經》（即《大日經》），並為之疏解，編纂成《大日經疏》二十卷。（註五）此外，《續古今譯經圖紀》、《宋高僧傳》皆記載，一行曾多次向金剛智（註六）諮詢，請譯《金剛頂瑜伽中略出念誦法》、《佛說七俱胝佛母準提大明陀羅尼經》，更受到金剛智的祕密灌頂。

唐代著名曆法《開元大衍曆》（簡稱《大衍曆》）亦出自一行。唐高宗時曾頒布《麟德曆》，但這部曆法使用到開元年間出現緯晷不合的情況；在張說的推薦下，唐玄宗命一行主持新曆。

編輯新曆時，一行曾南赴交州（今越南中部地區）、北抵鐵勒（今蒙古國烏蘭巴托西南喀拉和林遺址附近）測量緯度，使用梁令瓚發明的「黃道游儀」

測量日影。後來，兩人又共同製「渾天銅儀」，可以正確觀察太陽及五星運轉，據此將各地日蝕日期、恆星移動測量記錄，擬成《大衍曆》草稿。

可惜的是，草稿方成，一行禪師「吐血忘倦」、積勞成疾，於開元十五年（西元七二七年）圓寂於華嚴寺。《神僧傳》記載，一行在臨終之前重回嵩山謁見普寂，附耳密語。一行入滅後，唐玄宗賜謚「大慧禪師」。

《大衍曆》在開元十七年（西元七二九年）頒付有司，開元二十一年（西元七三三年）傳到了日本。後世小行星1972即以其為名，稱為「一行」小行星。

一行禪師在佛教著作上貢獻亦豐，有《攝調伏藏》十卷、《大日經疏》二十卷、《大毗盧遮那佛眼修行儀軌》一卷。

新羅神行

目前韓國禪宗最早可考者，是由新羅僧人法朗（生卒年不詳）及其弟子神行禪師（西元七〇四至七七九年）所傳入。相傳法朗於新羅善德女王時期（西元六三二至六四六年，約為唐貞觀年間）來華，向四祖道信學習，爾後將在中土所學之禪法傳給神行。

神行禪師俗姓金，東京御里人，別名海東神行、東京神行、東京信行、慎行。為了使禪法能在新羅廣布，神行在新羅恭惠王時期赴唐。沒想到，他剛渡海抵達的時候，正好遇上海盜在中國邊界作亂；官府分不清這位遠道而來的僧人是好是壞，於是把他拘留了兩百四十天才釋放。事情解決後，神行前往唐與寺參謁志空和尚，得證心印；志空正是普寂入室弟子。

神行回到新羅後，在丹城斷俗寺弘傳北宗禪法，其下法脈為遵範、惠隱、道憲（又稱智詵）。道憲受新羅君主景文王之皈依，後在慶尚北道曦陽山立鳳巖寺，開創了「曦陽山派」。（註七）

瓦官道璿

普寂另一位著名的法嗣就是道璿（西元七〇二至七六〇年），他被認為是真正將中土的禪、律、華嚴傳至日本的第一人；日本禪宗將其奉為二祖，日本華嚴宗則奉其為初祖。道璿又作「道璇」，曾於開元末年（西元七四一年）在金陵（今江蘇省南京市）瓦官寺駐錫，故又稱「瓦官道璿」。

道璿俗姓衛，河南許州（今河南省許昌市）人，幼年出家，先入洛陽大福先寺（太原寺），從定賓律師（籍貫、生卒年均不詳）受具足戒，同時研學律藏。後師事普寂學習禪法和華嚴教義，又回到大福先寺宣法教化。

開元二十一年（西元七三三年），日本僧人榮叡、普照來唐；出於對道璿的景仰，力邀其至日本傳法。開元二十四年（日本聖武天平八年，西元七三六年），道璿和天竺僧菩提僊那、林邑（今越南）僧佛哲一同赴日，比鑑真和尚還要早到日本宣法。道璿赴日後駐錫在大安寺西唐院，講授《梵網經》、《四分律行事鈔》，並兼傳華嚴宗及北宗禪法。晚年居於吉野比蘇寺，於日本天平寶字四年（西元七六〇年）示寂，世壽五十九。著有《梵網經疏》三卷。

在大安寺傳法時，道璿將北宗禪傳給了日本僧人行表（西元六五八年至七九七年，相傳世壽一百四十歲），行表則將北宗禪傳予最澄。

叡山最澄

最澄（西元七六七至八二二年），日本平安時代的僧人，日本天台宗開山祖師。俗姓三津首，幼名廣野，近江滋賀人，其先祖為東漢獻帝後人，采邑於滋賀。

最澄自幼聰慧，七歲受學，十二歲在近江的國分寺師從行表，十四歲剃度，十九歲在東大寺受具足戒。他的個性喜好山林，後入比叡山，建築佛堂名比叡山寺，號「一乘止觀院」，又稱「根本中堂」。

日本延曆二十二年（西元八〇三年），最澄和遣唐使從難波向九州出發，準備進入中國，沒想到在海上遇到暴風被迫返還。隔年七月再度出發，和空海、翻譯僧義真等人同行，九月抵達明州（今浙江省寧波市），欲至中國深入研究《法華》一乘要義。抵達明州後，最澄立刻參禮湛然弟子道邃學習天台法門，道邃授「一心三觀」之旨及菩薩戒；最澄領受法門後，寫下二百四十卷的《天台教門疏記》。之後轉往天台山向行滿習天台法門，又依止翛然禪師學習牛頭禪。後來，在龍興寺接受密教大師順曉的真言密教灌頂。

最澄隔年回到日本後，在高雄山寺設置灌頂壇傳播密教，又在宮中修「毗盧遮那法」，此為日本首度出現傳授密法灌頂。

最澄正式創立了日本天台宗，並主張天台、密教、禪宗、大乘戒四宗合一、圓密一致的「四種相承」。其著作有《法華秀句》、《內證佛法相承血脈譜》、《唐決集》等。最澄於弘仁十三年（西元八二二年）入滅，世壽五十四歲，後獲清和天皇追封為「傳教大師」。

雖然最澄是北宗禪第五代，但其所傳之法並不以禪宗為主，故此處不記錄其後的法脈。

西京義福

在北宗禪鼎盛時期，與普寂並肩弘傳神秀法門的重要人物，正是西京義福（西元六五八至七三六年）。

義福俗姓姜，潞州銅鞮（今山西省長治市）人，自幼信佛持戒，相傳其祖先與父親都是隱士，而義福更秉遵母親遺訓出家。其年少時曾四處遊歷，熟讀《周易》、《尚書》、《老子》、《莊子》等書籍，同時也到中流山靈泉寺研讀《法華》、《維摩》等大乘經典，並恪守戒律。早年曾到洛陽福先寺參禮杜胐（據傳為法如弟子、五祖弘忍徒孫），廣習大乘經論。

和普寂相同的是，義福原本也打算入法如門下。當他聽說法如禪師在嵩岳山開演不思議法門，即刻日夜兼程趕往道場，無奈到達時法如已遷化。年三十二時，義福正式落髮出家，受具足戒。後又輾轉至荊州玉泉神秀門下，跟隨神秀大師修習十年，盡得心法。

久視年間，大師奉詔入京，義福隨同前往。神龍二年（西元七〇六年）神秀於天宮寺示寂，義福「親在左右，密有傳付，人莫能知」，足見其為神秀得意弟子。同年，義福應邀至長安，住在藍田終南山化感寺，是以人稱「藍田義福」、「西京義福」。

在化感寺二十多年的期間，義福弘傳神秀禪法不遺餘力。曾受蒲州、虢州二州縉紳、鄉紳及廣大道俗請求，於開元十年（西元七二二年）遷居慈恩寺說法，求道者不遠千里而來。開元十三年（西元七二五年），唐玄宗巡視河、洛，義福敕居洛陽福先寺。開元十五年（西元七二七年），玄宗又讓義福隨駕長安，並留住洛陽興唐寺。開元二十一年（西元七三三年），再次詔請義福居南龍興寺。其所到之處，信眾充塞道路，人人渴望親炙，「靡然向風者，日有千數」，受教者不計其數。兵部侍郎張均、太尉房琯、禮部侍郎韋陟等都是他的弟子。

贊寧在《宋高僧傳》中載有義福與幾位大臣往來的故事，其一為——

某天，張均、房琯和韋陟一同去參拜義福。義福升堂為門人演說，說著說著便告訴大家：「吾沒日昃當為此決別耳。」亦即告訴眾人自己將要圓寂。聽到大師這樣說，張均馬上小聲地告訴身旁的房琯：「我為了追求延年益壽，以前曾經服食過金丹，給我丹藥的人特別交代我不能參加喪禮，否則金丹就會失效了。」說完便轉身默默離開。

說也奇怪，義福突然告訴房琯：「老衲和張公來往多年了，日後他將會因為有非常大的過錯導致名節有虧；要是他能把我的話聽完再離開，就能免除災禍。可惜，來不及了！」接著，義福握著房琯的手告訴他：「大人日後必定是中興名臣，請多珍重。」義福講完這些話後便「言訖而終」，坐化而去。

後來，張均因為在安史之亂中擔任安祿山陣營的「偽官」，導致自己晚節不保；而房琯輔佐唐玄宗、唐肅宗兩朝，畢立大節。

義福與幾位朝臣往來的事蹟，和神秀「於懸記未然之事，合同符契」的預言，可說有著異曲同工之妙。

開元二十四年（西元七三六年），義福示寂，世壽七十九，謚號「大智禪師」。義福葬於龍門山奉先寺北岡，送葬者有數萬人之多；中書侍郎嚴挺之身穿喪服執弟子之禮親自送葬，並撰寫〈大智禪師碑銘〉（簡稱〈大智碑〉）。

義福以禪慧名世，但史料中關於其思想記載並不多。〈大智碑〉載曰：

攝念慮，棲榛林，練五門，入七淨，毀譽不關於視聽，榮辱豈係於人我？或處雪霜，衣食罄匱，未嘗見於顏色有厭苦之容。積年鑽求，確然大悟，造微而內外無寄，適用而威儀不舍。

所謂「練五門」指的是神秀的「五方便門」，即「總彰佛體門、開智慧門、顯不思議門、明諸法正性門、了無異自然無礙解脫門」；「入七淨」（註八）則出自《維摩詰經．佛道品》，指七種乾淨、潔淨的花，比喻進入修行而成就的七種清淨境界。從「練五門」、「入七淨」觀之，義福確實把握了神秀所傳禪法：雖與世俗、外境接觸，但自心清淨，可映照萬事萬物而不受影響；即使生活條件簡陋，也無改於修行的狀態。

〈大智碑〉說義福苦身厲節、律行貞苦，這也反映在其對門徒的訓誡：

吾聞道在心不在事，法由己，非由人；當自勤力，以濟神用。

其強調聞道應從心上下功夫，亦即自心清淨映照萬物，而不落於外在行為的形式；佛法的領悟是自身修行成果的展現，應自己勤奮努力。其教法如同神秀所說的「時時勤拂拭」一般，而不是由他人認可。這裡又可再次看到義福對於神秀思想的發揮。

義福法嗣眾多，《景德傳燈錄》中列有八人，分別是大雄猛禪師、西京大震動禪師、神斐禪師、西京大悲光禪師、西京大隱禪師、定境禪師、道播禪師、玄證禪師，然而具體事蹟皆不詳。〈大智碑〉則載有智通禪師、惠源比丘尼、未曾有優婆夷三人。此外，〈金剛智傳〉云：「大智（即義福）、大慧（即前述普寂弟子一行）二禪師、不空三藏，皆行弟子之禮焉。」文中提到義福、一行向金剛智執弟子禮，可看出北宗禪師亦與密宗一脈曾有交流與學習。

嵩山敬賢

敬賢（西元六六〇至七二三年），又作景賢，即《景德傳燈錄》中提到的嵩山敬。禪師俗姓薛，為汾陰（今山西省運城市萬榮縣）人，出身大族。在敬賢的墓誌銘〈嵩山會善寺故景賢大師身塔石記〉（羊愉撰，簡稱〈景賢塔記〉）中說：「容貌秀偉，見者肅然，幼而神明，周覽傳記。」這和「身長八尺，秀眉大耳」的師父神秀，可說有些相似。

敬賢年少即愛好讀書，二十歲「投心大覺」遂出家，曾向智寶禪師學習，並得知「法王大寶，世傳其人。今運鍾江陵玉泉次，一佛出世，亦難遭矣。」於是前往玉泉參禮神秀。並獲得神秀大師「克荷相許，付寶藏，傳明燈」的託付。

唐中宗神龍年間，皇帝聽聞敬賢聖名，於是詔請內度，要敬賢在東都傳法。然而，景賢性喜山林生活，所以他並不是常住京師，而是往來嵩山、洛陽之間弘法，利濟眾生。〈景賢塔記〉形容當時敬賢弘化的範圍之廣：「化自南國，被平東京，向風靡然，一變於代。」可見其影響甚鉅。開元十一年（西元七二三年）於嵩山會善寺示寂，世壽六十四。據〈景賢塔記〉所載，有門人法宣、慧巘、敬言、慧林等人。

本章開頭提到的四大弟子中，除了惠福在史料中事蹟不詳之外，其餘禪師皆與京師僧俗往來密切，將北宗禪以長安、洛陽做為傳法中心，並由此向四方廣布。

北宗禪在西藏

在敦煌寫本《頓悟大乘正理決》中，記載漢僧摩訶衍（註九）的師承：「摩訶衍依止和上（尚），法號降魔、小福、張和上准仰、大福六和尚，同教示大乘禪門。」一般認為，引文中降魔即兗州降魔藏，小福指京兆小福，都是神秀法嗣。

降魔藏（約為西元六四五至七三六年），為趙郡（今河北省邯鄲市）人，俗姓王，其父為亳州佐治的官吏。

降魔藏年幼時對佛法產生興趣，七歲時依止廣福院明讚禪師剃度出家。相傳，就在那期間，許多厲鬼紛紛出現迷惑於人；降魔藏雖然年幼，就算一人獨自在寮房裡，面對厲鬼的騷擾也無所畏懼。到年長之後，其身形更為挺拔，並且能把這些鬼魅給制伏，所以被稱為「降魔」。

《宋高僧傳》記載降魔藏與神秀一段饒富趣味的故事：

（神）秀問曰：「汝名降魔，此無山精木怪，汝翻（反）作魔邪？」

師（降魔藏）曰：「有佛有魔。」

秀曰：「汝若是魔，必住不思議境界。」

師（降魔藏）曰：「是佛亦空，何境界之有？」

秀懸記之曰：「汝與少皞之墟有緣。」

當降魔藏去謁見神秀時，神秀大師問他：「你名為『降魔』，但此處既沒有山神、精靈之類的妖怪可以『降』，你為什麼反過來稱作『魔』呢？」降魔藏答曰：「要說有佛就有佛，要說有魔就有魔。」神秀接著說：「你如果是『魔』，必定是在不可思議的境界之中。」降魔藏答曰：「所謂的佛也是空，哪有什麼境界可言呢？」神秀聽完他的回答，認為降魔藏是個法器，於是為他授記，並告訴他：「你與少皡一帶地區（或指今山東地區）有緣，將來可前去度化眾生。」

由二人的對話可以看出，降魔藏之所以不畏懼妖魔鬼怪，在於他早已認知到魔只不過是幻化的表現或心理的投射，皆是虛幻不實的。神秀一看便知其已悟入之境界，所以在開頭就說此處並無山精木怪，而不是問降魔藏為什麼不怕鬼怪。

雖然一般認為摩訶衍是依止於兖州降魔藏；然而，值得注意的是，本節首段的引文在學界的考證中，不論是斷句、指稱對象皆各有不同看法。（註一〇）摩訶衍或許師承多門，被認為是調和南北禪法的重要人物。

關於摩訶衍入吐蕃宣說直指人心的禪法，傳的是北宗或是南宗？學界亦有不同說法。然而，我們可參照《頓悟大乘正理決》中關於摩訶衍「坐禪觀心」之法：

是故坐禪看心，妄想念起，覺則不取不住，不順煩惱作業，是名念念解脫。云何看心？返照心源看心，心想若動，有無、淨不淨、空不空等，盡皆不思，不觀者亦不思。故《淨名經》中說：「不觀是菩提。」

依此記載，其觀法如同神秀重視的「觀心看淨」：對於任何外境皆可攝取，但皆看做是清淨的，重點乃在於觀看自已的自心；自心動了，才會產生有無、淨與不淨、空與不空的看法，也就相當於真如分出的淨心與染心之別。這一說法正與《大乘無生方便》中：「看心若淨，名淨心地」的看法相應。足見北宗禪法思想在一定程度上，被摩訶衍傳法時所吸收、流傳。

【註釋】

註一：余威德於其論文《唐代北宗禪發展研究——以玉泉神秀為中心》中，根據《宋高僧傳》所載，考察北宗第五代「南嶽日照禪師」，其於唐懿宗咸通三年（西元八六二年）入塔，並有弟子六十餘人，進而梳理至北宗第六代嵩山照禪師，推測其應可能生存至唐朝滅亡之時，北宗禪傳承約二百餘年，與唐王朝可說是相終了。

註二：佛教七寶，梵語 sapta ratnāni，即七種珍寶，具體內容各佛經所說不同：《阿彌陀經》、《大智度論》中的七寶為金、銀、琉璃（又作琉璃、毘琉璃、吠琉璃等，屬青玉類）、頗梨（又作頗胝迦，即水晶，指赤、白等之水晶）、車渠（又作硨磲）、赤珠（又稱赤真珠）、碼（瑪）瑙（深綠色之玉，但異於後世所稱之瑪瑙）。

《法華經》則以金、銀、琉璃、硨磲、碼瑙、真珠、玫瑰為七寶。

註三：「人無我」與「法無我」，又稱「人空」、「法空」或「我法二空」。

《楞伽經》云：

大慧菩薩摩訶薩善觀二種無我相，云何二種無我相？

謂人無我，及法無我。

（一）人無我：了知人身是五蘊假緣和合而成，無自主自在的獨立實體。

（二）法無我：了知諸法由因緣所生，無自性、固定的實體。

由此二無我可知，大乘菩薩的修行照見一切皆空，不僅身心皆空，即便連世間萬法，亦無一根本的構成元素——不可再分割的存有實體，而皆是性空、因緣和合的。

註四：揚雄（西元前五三至一八年），字子雲，姓名又作楊雄，西漢哲學家、文學家、語言學家，蜀郡成都人。其所撰之《太玄經》，也稱《揚子太玄經》，簡稱《太玄》、《玄經》，以老子之「玄」為中心思想，揉合儒、道、陰陽三家思想，成為儒家、道家及陰陽家之混合體。揚雄運用陰陽、五行思想及天文曆法知識，以占卜之形式，描繪了一個宇宙運行之圖示，對禍福、動靜、寒暑、因革等對立關係及其相互轉化情況予以闡述；其認為事物皆按九個階段發展，在每一首「九贊」中，寫出事物由萌芽、發展、旺盛到衰弱以至消亡的演變過程。該書對東漢以來天文象數學發展影響甚大，但其文辭艱深晦澀，故歷代學者為之注釋訓詁者頗多；詩仙李白便有「白首太玄經」（〈俠客行〉）之詩句傳世。

註五：《大日經疏》又稱《大毘盧遮那成佛經疏》、《大疏》，凡二十卷，由善無畏講解，一行筆錄。善無畏翻譯出《大日經》後，應各方請求進行講解，一行予以記錄。遇有善無畏另作解釋的地方，則記為「阿闍梨言」；若屬於一行自己的看法，則記為「私謂」、「今謂」，以作為辨別。《大日經疏》對於中國密宗的貢獻，除了將經中「文有隱伏，前後相明，事理互陳」之處解釋清楚之外，一行的記錄方式尚保存了善無畏所傳之作法與用意。此外，《大日經疏》發揚大乘佛教世出世間不二的精神，為其重要意義。

註六：金剛智（約為西元六七一至西元七四一年），梵名 Vajrabodhi，音譯跋日羅菩提，是印度密教付法第五祖，中國密教初祖。與善無畏、不空並稱「開元三大士」。

金剛智是天竺人，出身南印度婆羅門（一說為中天竺姓剎帝剎），伊舍那靺摩之第三子。十歲在那爛陀寺出家，二十歲受具足戒，廣習大、小乘經律論，三十一歲時跟隨南印度龍智學習密教。

在天竺僧善無畏東渡來華後三年，金剛智於開元七年（西元七一九年），帶著弟子不空出發，通過海路經錫蘭、蘇門答臘抵達廣州，建立大曼荼羅灌頂道場，化度四眾。開元八年（西元七二〇年），金剛智入洛陽、長安二京，從事密教經典翻譯，並傳授灌頂之祕法。譯有《金剛頂經》、《瑜伽念誦法》、《觀自在瑜伽法第八部》十一卷。後因病示寂於廣福寺，謚號「大弘教三藏」。

弟子有一行、慧超、義福、圓照等，其中的一行、義福都是北宗禪門人。

註七：朝鮮在新羅和高麗初期，有所謂的「禪門九山」，亦即九個禪宗宗派，分別是：迦智山派、實相山派、鳳林山派、桐里山派、聖住山派、闍崛山派、師子山派、曦陽山派、須彌山派。

註八：「七淨」又稱七淨華，以華（花）比喻七種淨德。《維摩詰經》曰：「八解之浴池，定水湛然滿，布以七淨華，浴此無垢人。」鳩摩羅什注「七淨」云：

（一）戒淨：為始終淨。即身口所作，無有微惡；意不起垢亦不取相，亦不願受生。施人無畏，不限眾生。

（二）心淨：三乘制伏煩惱心、斷結心，乃至三乘漏盡心，稱為心淨。

（三）見淨：即見法真性，不起妄想。
（四）度疑淨：即見解深透而斷除疑惑。
（五）分別道淨：即善能分別是非，合道宜行，非道宜捨。
（六）行斷知見淨：「行」指苦難、苦易、樂難、樂易四行；「斷」指斷除諸結（惑）。即證得無學盡智、無生智者，能知見所行、所斷，而通達分明。
（七）涅槃淨。

註九：《頓悟大乘正理決（或訣）》，或稱《正理決》，全文一卷，原撰者是唐殿中侍御史王錫，出自敦煌文獻，現有巴黎（伯希和）本及倫敦（斯坦因）本。近人有法國漢學家保羅．戴密微（Paul Demiéville，西元一八九四至一九七九年），細經考證、研究，花費十年譯為法文本。

《頓悟大乘正理決》記載禪宗和尚摩訶衍於「拉薩僧諍」中回答印度論師蓮花戒等提問的答辯文，內容基本可分為三部分：(一)序說「理決」緣起；(二)條記「理決」問答；(三)結述「理決」原則——以無辯為旨歸。

摩訶衍（生卒年不詳），又稱摩訶衍那、大乘和尚、堪布摩訶衍，為唐朝吐蕃時的漢僧。於唐德宗年間進入吐蕃（今西藏、青海一帶）宣法，力倡禪宗，認為直指人心乃得開示佛性；一時之間，藏地僧人風靡相從，包含贊普妃沒廬氏等貴族女性，約有三十多人跟隨摩訶衍出家。

吐蕃在赤松德贊親政後，自天竺請來蓮花生、寂護等僧人，將印度佛教引入吐蕃。這些天竺僧屬於中觀學派僧人，與後來摩訶衍所傳之「見性成佛」的禪宗思想並不相同。

西元七九二年（唐德宗貞元八年，為吐蕃王赤松德贊在位期間，此時吐蕃王朝尚無年號），天竺論師「蓮華戒」（梵名Kamalaśīla）與摩訶衍進行辯論，為藏傳佛教史上著名的「頓漸之諍」，又稱「拉薩僧諍」。此次諍論十分激烈，據說持續了三年仍難分難解，藏王乃集眾使兩家辯論。據《正理決》記載，摩訶衍最後獲得了勝利；然而，藏傳佛教史書則大多記載蓮華戒陳詞破難，摩訶衍辭窮敗北，退出拉薩，從此吐蕃地區中觀之學興盛，取代原本流行的禪宗。但是，禪宗的頓悟思想仍深深影響了藏傳佛教。

註一〇：對於張和上、准仰、大福六和尚幾位禪師的身分，學者間有不同看法：日本學者柳田聖山認為，「小福張和尚」指玉山惠福，「大福六和上」指西京義福。香港學者饒宗頤認為，「大福」是西京義福、「小福」為京兆小福；此外，「准仰」在S本（斯坦因編號本）中寫作「惟仰」，似為人名。饒宗頤並猜測「張和上」是南詔（大理國）畫家張勝溫圖畫中神會一系之下的「唯忠」和尚。

至於溫玉成則將引文字句解為「摩訶衍依止和上法號降魔小福張和上，准仰大福。二和上同教示大乘禪門。」認為原引文「六」是「二」的誤寫。對此，余威德於《唐代北宗禪發展研究——以玉泉神秀為中心》提出解說：「『二』誤寫成『六』的機率並不大，而且關於小福張和上的法號是降魔，並無直接的文證，認為小福是大福的弟子也與《景德傳燈錄》相違背。」

余威德並對於法國漢學家戴密微指出「文句應有六個和尚，漏列一個」的看法予以修正，認為乃是包含摩訶衍在內共六位和尚，故原引文應為：「摩訶衍依止和上法號：降魔、小福、張和上、准仰、大福，六和上同教示大乘禪門。」

附錄

神秀禪師年譜

歲數	西元	帝號	年號
一歲	六〇六	隋煬帝	大業二年
神秀出生。			
十三歲	六一八	隋恭帝	皇泰元年
王世充之亂，河南、山東饑疫，至滎陽義倉請糧。遇善知識出家。			
二十歲	六二五	唐高祖	武德八年
於洛陽天宮寺受具足戒。			
五十歲	六五五	唐高宗	永徽六年
至黃梅東山寺參禮弘忍。			

五十六歲　六六一　唐高宗　龍朔元年

惠能參禮弘忍。

神秀離開東山寺，後隨遷適，潛為白衣，或在荊州天居寺，十餘年間，時人不能測。

七十歲　六七五　唐高宗　上元二年

弘忍大師圓寂。

七十一歲　六七六　唐高宗　儀鳳元年

名隸玉泉。

八十四歲　六八九　唐睿宗　永昌元年

（年號雖為唐睿宗李旦之紀年，然掌控實權者為武則天）法如圓寂。

八十五歲　六九〇　武則天　天授元年

神秀正式開法。

九十五歲　七〇〇　武則天　久視元年

武則天派使者詔請神秀入京。

九十六歲　七〇一　武則天　大足元年

奉召進京，為「兩京法主」，往來洛陽、長安二地宣法。

一〇一歲　七〇六　唐中宗　神龍二年

二月二十八日於洛陽天宮寺圓寂，賜諡「大通禪師」。

參考資料

佛經、古籍

劉宋，求那跋陀羅譯，《楞伽阿跋多羅寶經》，收錄於《大正藏》第十六冊。
劉宋，求那跋陀羅譯，《雜阿含經》，收錄於《大正藏》第二冊。
唐，《觀心論》，收錄於《大正藏》第八十五冊。
唐，《大乘無生方便門》，收錄於《大正藏》第八十五冊。
唐，張說，〈唐玉泉寺大通禪師碑〉，收錄於《全唐文》卷二三一。
唐，宋之問，〈爲洛下諸僧請法事迎秀禪師表〉，收錄於《全唐文》卷二四〇。
唐，淨覺，《楞伽師資記》，收錄於《大正藏》第八十五冊。
唐，杜朏，《傳法寶紀》，收錄於《大正藏》第八十五冊。

唐，道宣，《續高僧傳》，收錄於《大正藏》第五十冊。
唐，道宣，《集古今佛道論衡》，收錄於《大正藏》第五十二冊。
唐，李邕，〈大照禪師塔銘〉，收錄於《全唐文》卷二六二。
唐，嚴挺之，〈大智禪師碑銘〉，收錄於《全唐文》卷二八〇。
唐，羊愉，〈嵩山會善寺故景賢大師身塔石記〉，收錄於《全唐文》卷三六二。
唐，宋儋，〈嵩山會善寺故大德道安禪師碑銘〉，收錄於《全唐文》卷三九六。
唐，彥悰，《集沙門不應拜俗等事》，收錄於《大正藏》第五十二冊。
唐，法海編，《南宗頓教最上大乘摩訶般若波羅蜜經六祖惠能大師於韶州大梵寺施法壇經》（敦煌本），收錄於《大正藏》第四十八冊。
唐，魏徵，《隋書》，收錄於《欽定四庫全書》史部一．正史類。
唐，佚名，《煬帝開河記》，收錄於《欽定四庫全書》子部十．雜家類之「古今說海」。
後晉，劉昫等，《舊唐書》，臺北：臺灣商務印書館。

北宋，釋贊寧，《宋高僧傳》，收錄於《大正藏》第五十冊。
北宋，道原，《景德傳燈錄》，收錄於《大正藏》第五十一冊。
北宋，司馬光撰、胡三省注，《新校資治通鑑注》，臺北：世界書局股份有限公司。
北宋，李昉，《太平廣記》，北京：中華書局。
北宋，王溥等，《唐會要》，上海：上海古籍出版社。
南宋，普濟，《五燈會元》，收錄於《卍續藏》第八十冊。
南宋，祝穆，《方輿勝覽》，收錄於《欽定四庫全書》史部十一．地理類。
元，宗寶編，《六祖大師法寶壇經》（宗寶本），收錄於《大正藏》第四十八冊。

現代專書

馬克瑞（John R. McRae）著、韓傳強譯，《北宗禪與早期禪宗的形成》，上海：上海古籍出版社。

曾曉紅，《大家精要：神秀》，西安：陝西師範大學出版總社。
林淑玟著、劉建志繪，《兩京大法王：神秀禪師》，臺北：法鼓文化事業股份有限公司。
洪鵲舞，《神秀大師傳》，高雄：佛光文化事業有限公司。
邱若山編繪，《時時勤拂拭：神秀大師》，高雄：佛光文化事業有限公司。
楊曾文，《唐五代禪宗史》，北京：中國社會科學出版社。
劉貴傑，《禪宗哲學》，臺北：臺灣商務印書館。
蔡日新，《中國禪宗的形成》，新北：圓明出版社。
楊惠南，《禪史與禪思》，臺北：東大圖書股份有限公司。
杜繼文、魏道儒，《中國禪宗通史》，南京：江蘇人民出版社。
胡適，《胡適說禪》，北京：文化藝術出版社。
汪娟，《敦煌禮懺文研究》，臺北：法鼓文化事業股份有限公司。
李明書編撰，《六祖惠能——禪源曹溪》，臺北：經典雜誌（慈濟傳播人文志業基金會）。

學術論文

余威德，《唐代北宗禪發展研究——以玉泉神秀爲中心》，花蓮：慈濟大學宗教與文化研究所碩士論文。

李幫儒，《神秀研究》，河南：鄭州大學歷史學院中國古代史研究所博士論文。

劉楚華，〈神秀和尚示語試譯〉，收錄於《敦煌學》第二十五輯。

溫金玉，〈神秀禪系及其漸修法門〉，收錄於《慈光禪學學報》創刊號。

冉雲華，〈北宗禪籍拾遺——記寂和尚偈〉，收錄於《敦煌學》第十輯。

朱鳳玉，〈敦煌勸善類白話詩歌初探〉，收錄於《敦煌學》第二十六輯。

葛兆光，〈誰是六祖？——重讀《唐中岳沙門釋法如禪師行狀》〉，收錄於《文史》二〇一二年第三輯（總第一百輯）。

網路資料

釋妙舟，〈神秀《觀心論》中「五方便」之研究〉，

網址：http://www.perfect.org.tw/selection9_10.html

劉貴傑，〈關於神秀的禪學思想〉，

網址：http://enews.open2u.com.tw/~noupd/book_up/5017/(391)025-032.pdf

蔡彬晨，〈從《大乘無生方便門》論神秀北宗禪的修行方式〉，

網址：http://www.towisdom.org.tw/05-sup/college-theses/2013/01.pdf

高毓婷，〈北宗神秀菩薩戒研究〉，

網址：https://www.yinshun.org.tw/93thesis/93-02.htm

楊曾文，〈敦煌遺書中禪宗北宗文獻的學術價值〉，

網址：http://enlight.lib.ntu.edu.tw/FULLTEXT/JR-AN/102705.htm

印順法師，《中國禪宗史》線上版（印順文教基金會推廣教育中心），

網址：https://yinshun-edu.org.tw/zh-hant/Master_yinshun/y40

一行佛學辭典搜尋：http://buddhaspace.org/dict/

人名規範資料庫（法鼓山），網址：https://authority.dila.edu.tw/person/

維基百科

百度百科

國家圖書館出版品預行編目（CIP）資料

神秀禪師：北宗禪之祖／李明書編撰 — 初版
臺北市：經典雜誌，慈濟傳播人文志業基金會，2020.06
400 面；15×21 公分 —（高僧傳）
ISBN 978-986-98968-1-8（精裝）
1.(唐) 釋神秀 2. 禪宗 3. 佛教傳記
229.39　　109006448

神秀禪師——北宗禪之祖

創 辦 人／釋證嚴

編 撰 者／李明書
主編暨責任編輯／賴志銘
行政編輯／涂慶鐘
美術指導／邱宇陞
插圖繪者／林國新
校對志工／林旭初

發 行 人／王端正
合心精進長／姚仁祿
傳 播 長／王志宏
平面內容創作中心總監／王慧萍

內頁排版／尚璟設計整合行銷有限公司
出 版 者／經典雜誌
慈濟傳播人文志業基金會
112019臺北市北投區立德路2號
客服專線／（02）28989991
傳真專線／（02）28989993
劃撥帳號／19924552 戶名／經典雜誌
印 製／新豪華製版印刷股份有限公司
經 商 商／聯合發行股份有限公司
231028新北市新店區寶橋路235巷6弄6號2樓
（02）29178022
出版日期／2020年 6 月初版一刷
2021年12月初版四刷
定 價／新臺幣380元